과제 연구 주제 :

학교   반   번

이름 :

나와 세상이 만나는 소중한 시간,
미래의 문이 활짝 열립니다.

과제연구
워크북

이렇게 활용하세요

1부	관심 분야와 진로를 탐색해 볼 수 있도록 전공 학과별 소개 및 고등학생 과제 연구 사례, 키워드 빅 데이터 등을 담았습니다. 흥미로운 연구 주제를 정하는 데 길잡이가 될 것입니다.
2부	과제 연구를 작성하는 데 가장 중요한 선행 연구에 대해 알아봅니다. 특히 정보 검색 기법과 연구 목차에 따른 선행 연구 정리 방법도 실었습니다.
3부	Step에 따라 살펴본 내용을 토대로 직접 Worksheet에 작성하는 실전 연습 단원입니다. 단계별 작성법에 따라 나만의 과제 연구를 직접 작성해 보세요.
Step	각 단원별로 Step을 구성하여 과제 연구 작성에서 꼭 알아야 할 단계별 핵심 내용을 소개하고 있습니다.
Worksheet	앞서 배운 내용을 토대로 학생들이 직접 작성하는 활동 코너입니다. 나만의 과제 연구를 단계별로 작성하여 봅니다.
친구들의 이야기	과제 연구를 먼저 써 본 친구들의 생생한 이야기가 담겨 있으며, 다양한 경험과 노하우를 듣고 배울 수 있습니다.

교과 주제탐구·소논문·학생부종합전형 대비

과제 연구 워크북

백제헌·유은혜·이승민 지음

나무생각

학교 도서관에서 소논문 쓰기를 시작한 지 여러 해가 되었습니다. 처음에는 작은 동아리로, 교내 대회로, 지역 연합 프로그램과 학술제로, 방과 후 학교 수업으로, 그리고 영재 학급의 과제 연구 활동으로……. 분명한 건 함께한 학생들도, 교사인 저희도 정말 즐겁고 신이 났다는 사실입니다. 물론 너무나 생소한 주제에 방향을 못 찾아 주제를 정하는 데만 한 달이 걸리기도 하고, 하루에도 열두 번이나 목차를 뜯어고치기도 했습니다.

처음 소논문 쓰기를 시작했을 때는 입학사정관전형이나 학생부종합전형이 아니었습니다. 그런데 대학 전형이 달라지며 우리의 소논문 쓰기 활동이 부각되기 시작했습니다. 학생들과 열심히 애쓰고 노력한 과정을 고등학교와는 또 다른 공부를 시작하려는 대학에서 열정으로 인정받을 수 있어 정말 기뻤습니다.

이제 개정 교육 과정과 고교 학점제에서 하려는 공부가 바로 과제 연구가 아닐까 생각합니다. 이전에는 학교에서 계획한 교육 활동을 따라했다면 이제 내가 하려는 공부를 스스로 계획할 수 있는, 그리고 해야 하는 교육 환경이 마련되었습니다. 고등학교에 입학하자마자 여기저기에서 교육 과정 설명회를 열고 있습니다. 심지어 사설 학원에서도 '○○학교 교육 과정 설명회'라고 학교별 교육 과정을 분석하고 있어 놀랐습니다. 이때에 우선순위를 잘 생각해 보아야 합니다. 자율 동아리를 만들어야 하고, 봉사 활동도, 학교의 각종 대회도 다 참여하다 보면 정말 중요한 수업과 공부할 수 있는 시간이 부족하기 마련입니다.

그럼 오늘 나의 우선순위는 뭘까요? 손에 잡히는 것 없이 마음이 바빠지는 지금 내가 돌아보아야 하는 것이 무엇인지 생각해 보아야 합니다.

오늘 나의 우선순위는 바로 '나'여야 합니다. 내가 잘하는 것은 뭘까? 내가 하고 싶은 것, 좋아하는 것은 뭘까? 내가 대학에 가면 뭘 공부하고 싶은 걸까? 내가 왜 대학에 가야 하지? 이제 나에 대해 진지하게 돌아보아야 할 때입니다. 다른 어떤 공부보다 중요한 것이 바로 나를 돌아보는 시간입니다. 그래서 중학교에서는 자유학기제가, 고등학교에서는 진로 선생님과 진로 수업이 있어 여러분이 자신을 진지하게 돌아보는 시간을 확보해 주고 지원해 주고자 합니다.

지금부터 이 책을 통해 여러분과 함께 하려는 것도 바로 여러분의 문제를 주목하고 함께 해결하려는 것입니다. 내가 정말 궁금한 문제, 내가 정말 하고 싶은 공부에서 시작하는 것이 바로 과제 연구 활동입니다. 어렵고 대단한 형식과 연구 방법을 다듬어 여러분의 문제를 중심으로 그 문제에 먼저 관심을 가지고 연구한 선행 연구자의 연구 논문을 찾아보며 여러분의 문제의 답을 찾아가는 길을 소개하려고 합니다. 조금은 서툴겠지만 더 미룰 수는 없습니다. 내 문제를 다른 사람에게 맡길 수는 없으니 말입니다.

이 책에서는 여러분의 선배들이 문제를 풀어 가는 과정을 자세히 소개하고 있습니다. 연구 주제와 연구 목적, 그리고 연구 목차까지, 이 분야에 관심이 있었던 선배는 어떤 주제와 어떤 문제에 관심을 가지고 연구를 했을까, 내가 알고 있던 분야와 연계할 수 있는 분야가 있을까, 이 분야에는 어떤 문제를 고민하면 좋을까를 함께 찾아보려고 합니다. 연구를 마치고 작성한 선배들의 따끈따끈한 후기도 담았으니 도움이 될 겁니다.

자, 그러면 이제 과제 연구를 시작해 볼까요?

이 책이 만들어지기까지 많은 도움을 주신 여러 선생님들께 깊은 감사의 인사를 드립니다.

2019년 3월

백제헌, 유은혜, 이승민

차례

1부
우리의 꿈과 끼를 과제 연구로 찾아볼까?

2부
선행 연구로 과제 연구를 준비해 볼까?

3부

**선행 연구를
제대로 읽고
분석하는
방법은 뭘까?**

4부

핵심 비법으로
과제 연구를
완성해 볼까?

1부

우리의
꿈과 끼를
과제 연구로
찾아볼까?

과제 연구로 진로 탐색을 할 수 있어!

'과제(課題)'란 해결해야 하는 문제, '연구(研究)'란 어떤 일이나 대상을 깊이 있게 조사하고 생각하여 이치나 진리를 밝히는 것을 말합니다. 그러면 '과제 연구'는 해결해야 하는 문제를 깊이 있게 조사하고 생각하여 해결하려는 활동으로 정의해 볼 수 있습니다.

그런데 어떻게 과제 연구를 하면서 자신의 진로를 찾을 수 있을까요? 과제 연구를 위한 '문제'가 그 해답입니다. 과제 연구의 첫 시작은 연구를 위한 문제를 정의하는 것입니다. 연구 문제란 내가 해결하고 싶은 문제입니다. 다시 말해 과제 연구는 이 과제 연구를 통해 내가 해결하고 싶은 문제가 무엇인지를 진지하게 고민해 보는 것으로 시작합니다.

다음은 여러분의 진로를 탐색하며 문제의 핵심 키워드를 찾을 수 있는 보물 창고입니다. 차례로 방문해 보기 바랍니다.

STEP 1 진로정보망 커리어넷 방문하기
STEP 2 서울진로진학정보센터 방문하기
STEP 3 워크넷 방문하기
STEP 4 대학알리미 방문하기

\step 1/ 진로정보망 커리어넷 방문하기

　　교육부가 운영하는 진로정보망 커리어넷(www.career.go.kr)은 진로 심리 검사, 진로 상담, 직업·학과 정보, 진로 동영상, 진로 교육 자료 등을 주요 메뉴로 하여 자신을 이해하는 데 도움이 되고, 진로 의사 결정에 유용한 정보를 확인하는 진로 심리 검사(중·고등학생 심리 검사 5종, 대학생·일반 심리 검사 4종)를 제공하고 있습니다. 그리고 진로 교사에게 직접 진로 관련 고민을 상담받을 수 있으며 직업과 학과에 대한 다양한 정보와 진로 동영상, 진로 교육 자료를 열람할 수 있습니다. 진로 활동과 학습 활동, 개인 일정 기록을 관리할 수 있는 커리어 플래너를 활용하여 자신의 진로를 체계적으로 설계할 수 있습니다.

진로정보망 커리어넷을 방문하여 관심 있는 핵심 키워드 써 보기

❶ 진로정보망 커리어넷(www.career.go.kr)을 방문하여 회원 가입하기

❷ 진로정보망 커리어넷 둘러보기

❸ [진로 심리 검사] 메뉴에서 자기 이해와 관심 직업을 탐색할 수 있는 '아로플러스' 청소년 심리 검사 해보기

❹ '아로플러스' 청소년 심리 검사 결과표를 보며 관심 있는 핵심 키워드 써 보기

서울진로진학정보센터 방문하기

서울특별시교육청 교육연구정보원 11층에 자리 잡고 있는 서울진로진학정보센터 (www.jinhak.or.kr)는 진로 정보, 진로 적성 검사, 대학 진학 정보, 고교 진학 정보를 주요 메뉴로 다양한 진학과 진로 정보 자료를 제공하고 있습니다.

서울진로진학정보센터를 방문하여 관심 있는 핵심 키워드 써 보기

❶ 서울진로진학정보센터(www.jinhak.or.kr)를 방문하여 회원 가입하기

❷ 서울진로진학정보센터 둘러보기

❸ [진로 적성 검사] 메뉴에서 '진로 적성 검사' 하기

❹ '진로 적성 검사' 결과표를 보며 관심 있는 핵심 키워드 써 보기

\ step 3 / 워크넷 방문하기

고용노동부와 한국고용정보원이 운영하는 고용정보시스템 워크넷(www.work.go.kr)은 채용 정보, 직업·진로, 고용 복지 정책, 훈련 정보, 인재 정보 등을 주요 메뉴로 하고 있어 다양한 직업과 진로 정보 자료를 열람할 수 있습니다.

워크넷을 방문하여 관심 있는 핵심 키워드 써 보기

❶ 워크넷(www.work.go.kr)을 방문하여 회원 가입하기

❷ 워크넷 둘러보기

❸ [직업·진로] 메뉴에서 '직업 심리 검사' — '청소년 심리 검사' — '대학 전공(학과) 흥미 검사' 하기

❹ '대학 전공(학과) 흥미 검사' 결과표를 보며 관심 있는 핵심 키워드 써 보기

\ step 4 / 대학알리미 방문하기

    한국대학교육협의회에서 운영하는 대학알리미(www.academyinfo.go.kr)는 대학별 정보와 경쟁력을 알 수 있는 공시 정보, 대학별 학과 정보와 표준 분류 정보, 대학 특성화 정보 등을 알 수 있는 학과 정보를 주요 메뉴로 학과별·대학별 자료를 제공하고 있습니다.

대학알리미를 방문하여 관심 있는 핵심 키워드 써 보기

❶ 대학알리미(www.academyinfo.go.kr)를 방문하여 회원 가입하기

❷ 대학알리미 둘러보기

❸ [학과 정보] 메뉴의 학과별·대학별 정보를 보며 관심 있는 핵심 키워드 써 보기

\ 02 /
과제 연구로 진로 탐색을 시작해 볼까?

　과제 연구의 연구 문제는 평소 자신의 호기심에서 출발합니다. 수업을 들으며 궁금했던 문제, 학교생활을 하며 궁금했던 문제, 동아리 활동을 하며 궁금했던 문제, 친구 관계에서 일어나는 문제, 뉴스를 보면서 우리가 "왜?"라는 물음을 던지는 것이 곧 연구 문제가 될 수 있습니다. 미세먼지의 원인은 뭘까? 매점에서 어떻게 줄을 서야 물건을 빨리 살 수 있을까? 학생들이 왜 학교 홈페이지를 사용하지 않을까? 세계 3대 작물의 가격 변동이 왜 우리나라에 영향을 미칠까? 그리고 내가 좋아하는 것에 대한 관찰을 통해 연구 문제를 찾을 수도 있습니다. 퓨전 사극과 실제 역사의 차이가 있을까? 우리나라의 인디 음악을 어떻게 대중화할 수 있을까?

　더 나아가 내가 하고 싶은 꿈, 자신의 진로 분야에 대한 탐색을 통해 연구 문제를 발견할 수 있습니다. 내가 대학에 가서 공부를 한다면 어떤 공부를 할까? 녹색 정보 기술은 어떤 분야에 적용할 수 있을까? 리브랜딩을 통해 기업 경영의 전략적인 비전을 제시해 볼 수 있을까? 무분별한 항생제 처방, 과연 안전할까?

　다음 표는 대학교육협의회에서 제공하는 대학알리미(www.academyinfo.go.kr)의 표준 분류 체계 및 표준 분류 계열 정보에 따른 학과별 현황 자료를 참고하여 분류하고 작성한 것입니다. 대학에서는 어떤 공부를 할 수 있는지를 확인하며 자신의 진로를 탐색한 사례들을 살펴봅시다.

인문 사회 계열	경영·경제학	경영학과, 경제학과, 경영정보학과, 금융·보험학과, 회계·세무학과, 무역학과, 농업경제학과, 산업경영학과, 호텔경영학과, 관광학과 등
	사회과학	사회학과, 심리학과, 사회복지학과, 아동복지학과 등
	광고·홍보· 언론매체학	신문방송학과, 광고·홍보학과, 문화콘텐츠학과, 언론학과 등
	법학·행정학	법학과, 행정학과, 보건행정학과, 정치외교학과, 국제학과 등
	문학·언어학	언어학과, 국어국문학과, 문예창작학과, 영어영문학과, 동양어학과, 서양어학과, 통번역학과 등
	인문학	철학·윤리학과, 역사학과, 고고학과, 종교학과, 인류학과, 미술사학과, 국제지역학과, 문화재보존학과, 문헌정보학과 등
자연 과학 계열	농생물학	농생물학과, 원예학과, 조경학과, 식품가공학과 등
	의학	의예과, 치의예과, 한의예과, 수의학과 등
	보건학	간호학과, 약학과, 물리치료학과, 재활치료학과, 임상병리학과, 응급구조학과, 치기공학과, 치위생학과 등
	생활과학	식품영양학과, 조리과학과, 의류·의상학과, 가족주거학과 등
	자연과학	수학과, 물리학과, 화학과, 생명과학과, 대기과학과, 천문학과, 지질학과, 통계학과 등
공학 계열	건축·환경학	건축학과, 건축공학과, 토목공학과, 생명공학과, 생명자원공학과, 식품공학과, 도시공학과, 교통공학과, 환경공학과 등
	기계·전자 컴퓨터	기계공학과, 전기공학과, 전자공학과, 제어계측공학과, 자동차공학과, 항공우주공학과, 항공운항학과, 해양공학과, 컴퓨터공학과, 정보통신공학과, 멀티미디어학과, 소프트웨어공학과 등
	산업·재료 공학	산업공학과, 신소재공학과, 재료공학과, 고분자공학과, 섬유공학과, 에너지자원공학과, 화학공학과, 화장품과학과 등
예술 체육 계열	예술	작곡과, 실용음악과, 디자인과, 미술학과, 연극과, 방송연예과, 사진과 등
	체육	체육학과, 무용학과, 체육교육과, 스포츠경영학과, 스포츠건강관리학과, 운동재활학과, 스포츠레저학과, 생활체육학과, 스포츠의학과, 스포츠지도학과 등
교육 계열		과목 관련 교육과, 교육학과, 초등교육과, 유아교육과, 보육학과 등
자유 전공		

출처: 대학알리미 표준 분류 정보(2019.2.12.)

경영·경제학

경영, 경제, 회계, 부동산, 무역, 유통학과는 기업과 조직의 효율적인 운영을 위한 전략과 과정을 중심으로 연구하는 학문입니다. 수리적인 자질과 분석력, 판단력 및 대량의 정보를 빠르게 습득, 활용하는 능력을 함양하기 위해 전공 관련 기초 과목으로 경영학은 경영학원론, 경제학원론, 회계학원론, 재무회계, 영어 과목을 이수하며 경제학은 경제학원론, 경제수학, 경제통계학, 미시경제학, 거시경제학, 수리경제학 등을 이수합니다.

■ 진학 학과

경영학과, 경제학과, 금융보험학과, 회계학과, 무역학과, 농업경제학과, 호텔경영학과, 관광학과, 산업경영학과 등

■ 빅 데이터로 보는 핵심 키워드

■ 과제 연구 사례

과제 연구 제목	서울 브랜딩의 실태 및 리브랜딩 방안 -△△고 임○○
과제 연구 목적	본 연구는 현재 진행되고 있는 서울 브랜딩의 문제점을 분석하고, 국외 도시의 성공 사례를 바탕으로 개선되어야 할 점을 제시하고자 한다.

과제 연구 목차

I. 서론
II. 본론
 1. 브랜드 마케팅의 개념
 1.1 브랜드의 개념
 1.2 브랜드 마케팅의 개념
 2. 리브랜딩 마케팅의 정의
 2.1 리브랜딩의 정의
 2.2 리브랜딩 마케팅의 목적
 2.3 리브랜딩 마케팅의 영역
 3. 리브랜딩 마케팅의 성공 요인 분석

 4. 도시 브랜딩의 개념 및 필요성
 5. 서울의 브랜딩 현황 분석
 5.1 서울 브랜딩의 목적
 5.2 서울 브랜딩의 변화
 6. 서울 브랜드 마케팅의 문제점
 7. 해외 도시 브랜드 마케팅의 우수 사례
 8. 서울 리브랜딩의 효과적인 방안
III. 결론
IV. 참고 문헌

과제 연구 제목	공유 경제의 문제점 분석 및 개선 방안 : Airbnb(에어비앤비)와 Uber 택시 피해 사례를 중심으로 −△△고 고○○
과제 연구 목적	본 연구에서는 자본주의 경제 체제를 대체할 수 있는 경제 체제로 평가받는 공유 경제 플랫폼의 문제점을 분석하여 이를 해결하기 위한 개선 방안을 도출해 내고자 한다. 　1. 공유 경제가 자본주의 경제 체제의 대체재로 떠오르는 이유는 무엇인가? 　2. 현재 우리 사회에 나타나는 공유 경제의 문제점은 무엇인가? 　3. 현재 대두되고 있는 공유 경제 문제점을 어떤 방향으로 개선할 수 있을까?

과제 연구 목차

I. 서론
II. 본론
 1. 공유 경제의 개념과 특징
 1.1 공유 경제의 정의
 1.2 공유 경제가 등장하게 된 배경
 1.3 공유 경제의 특징
 2. 현대 사회에 등장하는 공유 경제의 모습
 2.1 공간 공유
 2.2 물건 공유
 2.3 지식 공유
 2.4 교통 공유
 3. Airbnb와 Uber 택시의 사례

 3.1 Airbnb(에어비앤비)
 3.1.1 Airbnb 피해 사례
 3.1.2 Airbnb의 문제점
 3.1.3 Airbnb 문제점의 개선 방안
 3.2 Uber 택시
 3.2.1 Uber 택시 피해 사례
 3.2.2 Uber 택시의 문제점
 3.2.3 Uber 택시 문제점의 개선 방안
 4. 공유 경제 문제점
 5. 공유 경제 플랫폼의 개선 방안
III. 결론
IV. 참고 문헌

과제 연구 제목	가상 화폐의 익명성과 국제성에 따른 문제점 분석 및 개선 방안 −△△고 서○○
과제 연구 목적	본 연구는 가상 화폐에 대한 개념과 특징에 대해 정리하고 가상 화폐의 특징과 종류, 그리고 사용 과정에서 발생할 수 있는 문제점과 사례에 대해 다룰 것이다. 가상 화폐의 문제점은 크게 익명성, 국제성으로 구분된다. 익명성에는 가상 화폐는 대인 간 거래이므로 철저히 익명성이 보장되며 거래 기록이나 거래액이 남지 않아 자금 세탁의 부정적 측면에 노출되어 있다. 국제성에는 국제 간 거래에서도 익명성으로 인한 탈세와 조세 회피의 위험에 노출되어 있다. 이처럼 익명성에서의 자금 세탁과 국제성에서의 탈세·조세 회피의 사례들을 연구하고 그 개선 방안을 제시하고자 한다. 그리고 문제 유형에 따라 국가별로 대응 사례를 찾아 비교·분석하여 우리나라가 나아가야 할 방향을 제시하고자 한다.

과제 연구 제목	사이버 머니의 유형별 과금 유도 방식 문제 분석 및 개선 방안 −△△고 양○○
과제 연구 목적	본 연구에서는 유형별로 사이버 머니가 어떻게 사용이 되며 어떻게 고객들에게 과금을 유도하는지 그 방법을 알아보고, 다른 나라에서의 사례를 참고하며 그에 대한 효과적인 방법을 제시하려고 한다.

과제 연구 제목	빅 데이터를 활용한 효과적인 SNS 기업 마케팅 방안 −△△고 정○○
과제 연구 목적	본 연구는 기업 마케팅에서 주목하고 있는 빅 데이터 통계학과 SNS를 이용한 마케팅을 연구해 보고자 한다. 주 고객층의 선호도를 파악하고 이를 SNS에 홍보하여

마케팅에 성공하고자 하는 기업들의 사례를 살펴보고 SNS 마케팅을 시도하지 않고 오로지 빅 데이터만을 활용하여 마케팅을 시도한 기업들의 사례도 동시에 분석하여 어떤 부분에서 SNS 마케팅이 더 효과적인지, 또한 어느 부분에서 문제가 생기는지를 알아보고자 한다. 문제점 부분에서는 개선 방안을 연구하고 기업에서 주 고객층과 선호도를 정확하게 파악하여 기존 마케팅 기법과 달리 더 많은 이윤을 얻을 수 있도록 하는 방안을 연구해 보고자 한다.

과제 연구 목차

과제 연구 제목	K-Beauty의 마케팅 성공 사례 분석과 발전 방안 연구 −△△고 황○○
과제 연구 목적	본 연구는 이러한 K-Beauty의 발전 현황 분석을 통해 현재 발전 정도에 따라 국내외로 어떤 마케팅 방법을 사용하였는지 살펴보고 화장품 브랜드, 그리고 뷰티 크리에이터들의 성공한 마케팅 방법을 중심으로 앞으로 K-Beauty를 통한 더 많은 이익을 창출하기 위해 어떤 마케팅 수단과 방법을 통해 발전해야 할지를 연구해 보고자 한다.

과제 연구 목차

한국경제학회, 한국경영학회, 한국국제경제학회, 한국재무학회, 한국지역사회발전학회, 한국품질경영학회, 한국증권학회, 한국리스크관리학회, 한국무역학회, 한국소비자학회, 한국재무관리학회, 한국산업조직학회, 한국기업교육학회, 한국여성경제학회, 한국기업경영학회, 한국중소기업학회, 한국경제교육학회, 한국재정정책학회, 한국유통경영학회, 한국응용경제학회, 한국노사관계학회, 한국노동경제학회, 한국관세학회, 한국전략경영학회, 한국협상학회, 아태경제학회, 한국국제경영학회, 한국비교경제학회, 한국생산성학회, 한국국제통상학회, 대한경영학회지 등

■ 관련 분야 추천 도서

도서명	저자	출판사
21세기 자본	토마 피케티	글항아리
경영학 콘서트	장영재	비즈니스북스
경제학 콘서트	팀 하포드	웅진지식하우스
국부론	애덤 스미스	비봉출판사
그들이 말하지 않는 23가지	장하준	부키
나쁜 사마리아인들	장하준	부키
넛지	리처드 탈러, 캐스 선스타인	리더스북
노동의 종말	제러미 리프킨	민음사
누가 내 머릿속에 브랜드를 넣었지?	박지혜	뜨인돌
돈으로 살 수 없는 것들	마이클 샌델	와이즈베리
렉서스와 올리브나무	토머스 프리드먼	21세기북스
맨큐의 경제학	그레고리 맨큐	Cengage Learning
명견만리	KBS 〈명견만리〉 제작진	인플루엔셜
물건 이야기	애니 레너드	김영사
상식 밖의 경제학	댄 애리얼리	청림출판
소비의 역사	설혜심	휴머니스트

우리는 왜 본질을 잊는가	세키노 요시키	나무생각
자본주의(EBS 다큐프라임)	EBS 〈자본주의〉 제작팀	가나출판사
죽은 경제학자의 살아있는 아이디어	토드 부크홀츠	김영사
청소년 부의 미래	앨빈 토플러	청림출판

사회과학

사회과학에는 심리학, 사회복지, 아동학 등이 있습니다. 인간 사회의 여러 현상을 과학적·체계적으로 연구하는 모든 경험 과학을 연구합니다. 인문학적 소양뿐만 아니라 사회과학, 자연과학 전반에 대한 관심이 필요합니다. 심리학과는 인간의 마음과 행동을 과학적으로 연구함으로써, 다양한 영역 속 인간의 행동과 그것을 발현하는 내면적 요인을 과학적 실험 방법론을 통해 이해하고자 합니다. 사회복지학과, 아동학과, 가족학과는 인간의 발달 단계에 대한 전문적 지식과 인간에 대한 애정이 요구되는 전공입니다.

■ 진학 학과

사회학과, 심리학과, 사회복지학과, 아동학과 등

■ 빅 데이터로 보는 핵심 키워드

■ 과제 연구 사례

과제 연구 제목	학생들의 SNS 중독과 자아 존중감이 갖는 관계 및 이를 바탕으로 한 SNS 중독의 해결 방안 −△△고 최○○
과제 연구 목적	본 연구는 학생들의 SNS 중독 실태와 이를 일으키는 요인들을 조사하고 학생들의 자아 존중감이 SNS 중독에 미치는 영향과 학생들의 SNS 중독에 대한 해결 방안을 제시하고자 한다.

과제 연구 목차

I. 서론
II. 본론
 1. SNS 개념 및 유형
 2. 청소년의 SNS 이용 현황
 3. 청소년의 SNS 이용의 문제점
 4. 청소년의 SNS 중독 유형에 따른 실태

 5. 청소년의 SNS 중독 요인
 6. 청소년 자아 존중감의 정의 및 특성
 7. 청소년 SNS 중독에 자아 존중감이 미치는 영향
III. 결론
IV. 참고 문헌

과제 연구 제목	치매 노인의 재가 복지 서비스 개선 방안 연구 −△△고 박○○
과제 연구 목적	본 연구는 노인성 치매와 재가 복지 서비스에 관한 이론적 고찰로 노인성 치매의 특징과 재가 복지 서비스의 필요성에 대해 살펴보고 우리나라 치매 노인을 위한 재가 복지 서비스의 실태 및 문제점을 분석한다. 마지막으로 치매 노인을 위한 재가 복지 서비스 개선 방안에 대해 고찰하고자 한다.

과제 목차

과제 연구 제목	우리나라 저소득층 아동 청소년들의 교육 격차 해소를 위한 공공·민간 부문 사업 개선 방안 −△△고 김○○
과제 연구 목적	본 연구는 기존의 저소득층 아동 청소년을 지원하기 위한 공공·민간 부문 사업의 한계성을 지적하고 지속성(substantiality), 성과성(effectiveness), 효율성(efficiency), 이 세 가지를 지표로 개선 방안을 제시하고자 한다.

과제 연구 목차

과제 연구 제목	청소년 우울증과 자살의 원인 분석 및 예방 정책의 개선 방안 연구 -△△고 손○○
과제 연구 목적	본 연구에서는 정책과 지원에도 불구하고 증가하는 청소년 우울증과 자살률에 더 관심을 두고 청소년 우울증과 자살의 원인을 더 세분화하여 분석하고 그 원인들의 상호 연관성을 파악하는 데 목표를 두고 있다. 더불어 현존하는 청소년 우울증과 자살 관련 정책들의 문제점을 파악하고 다른 나라의 정책들과 비교하여 더 나은 정책을 설정하는 데 도움이 되고자 한다. 이를 발판으로 청소년들이 올바르게 성장하여 사회로 나갈 수 있는 발판이 되는 데 이바지하고자 한다.

과제 연구 목차

한국심리학회, 한국임상심리학회, 한국직업재활학회, 한국노인복지학회, 한국사회복지연구회, 한국분석심리학회, 한국놀이치료학회, 한국사회보장학회, 한국아동가족복지학회, 한국연금학회, 한국임상모래놀이치료학회, 한국청소년활동학회, 한국교정상담심리학회, 대한고령친화산업학회, 국제지역학회, 한국사이코드라마소시오드라마학회, 한국사회복지정책학회, 한국정신보건사회복지학회, 한국장기요양학회, 한국아동보호학회, 한국다문화디아스포라학회, 한국학교사회복지학회, 한국사회복지경영학회, 대한아동복지학회, 한국생애학회, 한국세계지역학회, 한국아동복지학회, 한국가족사회복지학회, 한국청소년복지학회, 한국교정학회, 한국미래연구학회, 한국심리유형학회, 한국여성커뮤니케이션학회, 재활심리연구, 한국사회학회, 한국사회복지학회, 한국청소년연구 등

■ 관련 분야 추천 도서

도서명	저자	출판사
4천원 인생	안수찬 외	한겨레출판
공감의 시대	제러미 리프킨	민음사
광기의 역사	미셀 푸코	나남
구별짓기	피에르 부르디외	새물결
꿈의 해석	지그문트 프로이트	풀빛
나 같은 늙은이 찾아와줘서 고마워	김혜원	오마이북
당신의 그림자가 울고 있다	로버트 존슨	에코의서재
도덕적 인간과 비도덕적 사회	라인홀드 니버	문예출판사
따귀 맞은 영혼	배르벨 바르데츠키	궁리
미움받을 용기	기시미 이치로 외	인플루엔셜
보이지 않는 사람들	박영희	우리교육
불편해도 괜찮아	김두식	창비

사회계약론	장 자크 루소	서울대학교출판문화원
사회복지사의 희망 이야기	노혜련 외	학지사
사회학적 상상력	C. 라이트 밀스	돌베개
생각의 지도	리처드 니스벳	김영사
스키너의 심리상자 열기	로렌 슬레이터	에코의서재
아웃라이어	말콤 글래드웰	김영사
아직도 가야 할 길	M. 스캇 펙	율리시즈
어떤 복지국가에서 살고 싶은가	이창곤	밈
인간의 두 얼굴	EBS 〈인간의 두 얼굴〉 제작팀	지식채널
장애인 복지 천국을 가다	백경학 외	부키
정의란 무엇인가	마이클 샌델	와이즈베리
좋은 지역사회 만들기	최옥채	학현사
죽음의 수용소에서	빅터 프랭클	청아출판사
직업으로서의 학문	막스 베버	나남
천 개의 공감	김형경	사람풍경
청소년을 위한 사회학 에세이	구정화	해냄
파놉티콘 : 정보사회 정보감옥	홍성욱	책세상
편견을 넘어 평등으로	김동춘 외	창비
프레임	최인철	21세기북스
프로테스탄티즘의 윤리와 자본주의 정신	막스 베버	문예출판사
현대 사회학	앤서니 기든스 외	을유문화사
화성에서 온 남자 금성에서 온 여자	존 그레이	동녘라이프

인문 사회 계열

광고·홍보·언론매체학

광고, 홍보, 언론매체 관련 학과는 매체에 대한 이해를 기반으로 외국어 실력, 사회 변화에 대한 민감성, 미적 감성이 필요합니다. 전공 관련 기초 과목으로 커뮤니케이션, 마케팅개론, 광고개론, 커뮤니케이션 심리, 저널리즘의 이해, 디지털콘텐츠 제작기초 등이 있습니다.

■ 진학 학과

신문방송학과, 광고홍보학과, 문화콘텐츠학과 등

모바일광고
방탄소년단   SNS광고반응
지상파방송 미디어 가짜뉴스
SNS해시태그 재난방송 마케팅
공영방송제도
논평 광고 인터넷개인방송 금연광고
광고언어 공익광고 아이돌시스템 기업의사회공헌활동
중간광고증강현실광고 총합편성채널 브랜드 시청률
파워블로그포스트의광고효과 1인가구언론 방송 기사품질
보도자료기사화과정 프레이밍효과 PPL 방송광고규제
방송콘텐츠
멀티플랫폼 광고회피수준 대중문화 커뮤니케이션 상호작용성
멀티태스킹효과 포털기사공급형태
문화소비행위 희소성메시지의광고효과 모바일리워드어플리케이션광고 기사삭제청구권
온라인기사형광고 광고크리에이티브요소 TV시청 인터넷광고의선정성
방송의공익성 인터랙티브영상광고 광고총량제 방송수신료

■ 과제 연구 사례

과제 연구 제목	국제 광고를 활용한 국내 글로벌 마케팅 개선 방안 −△△고 김○○
과제 연구 목적	본 연구는 세계 시장을 앞서 개척한 다국적 기업의 국제 광고 전략과 사례를 바탕으로 국내 기업이 구사해 온 기존의 수동적인 국제 광고를 보다 적극적이고 효율적으로 활용하여 우리나라 글로벌 마케팅을 개선할 수 있는 방안을 찾고자 한다.

과제 연구 목차

과제 연구 제목	청소년을 대상으로 한 SNS 광고 마케팅의 문제점과 개선 방안에 대한 연구 -△△고 조○○
과제 연구 목적	본 연구는 청소년의 소비 경향과 SNS 광고 마케팅의 특성, 그리고 청소년을 대상으로 한 SNS 광고 마케팅을 연구하고 그에 대한 문제점을 분석하고 개선 방안을 제시하고자 한다.

과제 연구 제목	문화콘텐츠 속 성차별적 표현의 시대적 변화 양상 분석 : 문화콘텐츠 〈Sleeping Beauty〉를 중심으로 -△△고 전○○
과제 연구 목적	본 연구에서는 선행 연구에서 정의한 문화콘텐츠의 정의와 차별적 언어 표현의 유형을 정리하고, 문화콘텐츠 '잠자는 숲속의 공주'를 중심으로 원작 동화 《Sleeping Beauty》, 애니메이션 〈Sleeping Beauty〉, 그리고 리메이크 영화인 〈말레피센트〉를 보고 그 안에 포함된 차별적 표현을 선행 연구를 참고하여 세운 성차별 표현의 내용 갈래를 '여성을 남성에 종속시키기', '여성의 외적인 요소를 강조하기'로 분류하여 시대의 흐름에 따라 바뀐 성차별적 표현을 찾고 시대별로 바뀐 표현 차이가 갖는 가치와 의미를 알아보고자 한다.

1. 문화콘텐츠의 개념
2. 차별적 언어 표현
2.1 차별적 언어 표현의 개념
2.2 성차별적 언어 표현의 유형
3. 동화 《The Sleeping Beauty》와 애니메이션 《Sleeping Beauty》와 리메이크 영화 《말레피센트》 소개
3.1 동화 《잠자는 숲속의 미녀》
3.2 애니메이션 〈잠자는 숲속의 공주〉

4.1 여성을 남성에 종속시키기
4.2 여성의 외적인 요소를 강조하기
5. 시대별 문화콘텐츠 속 성차별적 표현의 차이 분석
6. 문화콘텐츠 속 성차별적 표현과 여성의 성 역할의 변화가 가지는 의의
III. 결론
IV. 참고 문헌

과제 연구 제목	도매 여행사의 마케팅 전략 분석 : TV 여행 프로그램을 중심으로 -△△고 공○○
과제 연구 목적	본 연구는 관광 기업이 관광 상품의 마케팅 전략의 일환으로 TV 여행 프로그램을 이용할 경우에 나타나는 효과에 대해 알아보고 나아가 현재의 관광 산업과 미디어 산업의 상호 교류에 대해 분석하는 것을 목적으로 한다.

과제 연구 목차

I. 서론
II. 본론
1. 도매 여행사의 정의
1.1 도매 여행사의 개념
1.2 도매 여행사의 특성
1.3 도매 여행사의 현황
2. 마케팅의 정의
2.1 마케팅의 개념
2.2 마케팅의 특성
3. 도매 여행사의 마케팅 전략
3.1 도매 여행사의 마케팅 전략의 유형
3.1.1 인터넷 마케팅
3.1.2 문화 마케팅
3.1.3 TV 마케팅
3.2 도매 여행사의 마케팅 전략의 유형별 특성
3.2.1 인터넷 마케팅의 특성
3.2.2 문화 마케팅의 특성
3.2.3 TV 마케팅의 특성
3.3 도매 여행사의 마케팅 전략의 유형별 효과

3.3.1 인터넷 마케팅의 효과
3.3.2 문화 마케팅의 효과
3.3.3 TV 마케팅의 효과
4. TV 여행 프로그램의 특성
4.1 TV 여행 프로그램의 예시
4.2 TV 여행 프로그램의 다양화
5. TV 여행 프로그램을 활용한 도매 여행사의 마케팅 전략의 사례
6. TV 여행 프로그램을 활용한 도매 여행사의 마케팅 전략의 특성
6.1 TV 여행 프로그램과 도매 여행사 상품의 상호 교류 증가
6.2 홍보 계층의 확대 및 전문화
7. TV 여행 프로그램을 활용한 도매 여행사의 마케팅 전략의 효과
7.1 도매 여행사 상품의 다양화
7.2 마케팅 효과 극대화에 따른 상품 수요 증가
III. 결론
IV. 참고 문헌

과제 연구 제목	소셜 미디어에서의 개인정보 유출 실태 및 개선 방안 : 페이스북을 중심으로 -△△고 정○○
과제 연구 목적	소셜 미디어(페이스북)에서의 개인정보 유출 실태를 분석하고 소셜 미디어를 더욱 안전하게 사용하기 위해서 사용자와 기업, 단체가 노력해야 할 점을 탐색함으로써 개인정보 보호의 개선 방안을 연구하고자 한다.

과제 연구 목차

과제 연구 제목	기업 광고로 만들어지는 기업 이미지가 소비자의 구매 행동에 미치는 영향 : 기업의 사회적 책임과 관련하여 -△△고 임○○
과제 연구 목적	본 연구는 기업 광고로 만들어지는 기업 이미지가 특히 기업의 사회적 책임과 관련 하여 소비자의 구매 행동에 미치는 영향에 대해 연구하고자 한다.

과제 연구 목차

과제 연구 제목	국내 OTT 산업의 현황 및 활성화 방안 연구 : 넷플릭스의 국내 진출 전략을 중심으로 −△△고 강○○
과제 연구 목적	본 연구는 글로벌 OTT 기업인 넷플릭스의 한국 진출이 시작되면서 넷플릭스의 배경과 한국 진출 전략에 대해 탐색해 볼 필요성에서 출발하였고, 그에 따른 국내 OTT 산업의 활성화 방안을 탐색하는 것으로 마무리된다. 동영상 스트리밍 서비스, VOD 서비스 등을 최대한 OTT에 포함시켜 정의하고 있다. 이에 넷플릭스의 국내 진출에 따른 국내 OTT 산업의 대처 및 활성화의 필요성을 느껴 방안을 제시하고자 한다.

과제 연구 목차

■ 핵심 학술정보원

한국광고학회, 한국광고홍보학회, 한국언론정보학회, 한국언론학회, 사이버커뮤니케이션학회, 한국방송학회, 방송문화진흥회, 한국지역언론학회, 한국PR학회 등

■ 관련 분야 추천 도서

도서명	저자	출판사
10대와 통하는 미디어	손석춘	철수와영희
PD, WHO & HOW	홍경수 외	커뮤니케이션북스

광고심리학	김재휘	커뮤니케이션북스
광고와 예술	배리 호프먼	커뮤니케이션북스
광고인이 말하는 광고인	국정애 외	부키
광고천재 이제석	이제석	학고재
나는 광고로 세상을 움직였다	데이비드 오길비	다산북스
대중문화의 겉과 속	강준만	인물과사상사
대중문화의 이해	김창남	한울
미디어 학교	주형일	우리학교
미디어의 이해	마셜 매클루언	커뮤니케이션북스
미래의 저널리스트에게	새뮤얼 프리드먼	미래인
상상력에 엔진을 달아라	임현우	나남
생각의 탄생	로버트 루트번스타인 외	에코의 서재
설득의 심리학	로버트 치알다니	21세기북스
세상은 어떻게 뉴스가 될까	홍성일	돌베개
신문 읽기의 혁명	손석춘	개마고원
인문학으로 광고하다	박웅현 외	알마
팝콘을 먹는 동안 일어나는 일	김선희	풀빛
현대 사회와 미디어	한균태 외	커뮤니케이션북스
확장하는 PD와의 대화	홍경수	사람 in

법·행정학

인문 사회 계열

법학과 행정학은 사회의 다양한 문제에 대한 합리적 사고와 분석, 논리적 표현력이 요구되는 전공입니다. 전공 관련 기초 과목은 법학의 경우 헌법, 민법총칙, 형법총론, 상법총론, 행정법총론 등이 있으며, 행정학의 경우 행정학원론, 경제학원론, 정치학원론, 행정법총론 등이 있습니다.

■ 진학 학과

법학과, 행정학과, 보건행정학과, 정치외교학과, 국제학과 등

민법
나홀로소송 검찰
모의법정청소년정치참여
시진핑 법죄피해자권리보호국제법
남비 기소권
인권 **민주주의** 시민단체 남북통일
트럼프 **한반도정치과정과제도** 남북이산가족
미중무역전쟁
형법 **선거불법행위** 국제관계와한반도
분쟁지역 **국가** 근로자의권리정부형태 법무법인
소년법
행복추구권 헌법재판소 **계약** 지방자치
위안부문제이익집단과시민단체 기본권
낙태아동학대법 **헌법** **국제정치** 인권보장
청소년선거연령 가족관계사회적자본
지적재산권영토분쟁 존엄사 국회
언론선거제도 넬슨만델라
국제기구

■ 과제 연구 사례

과제 연구 제목	소프트 파워를 활용한 우리나라 국가 브랜드 향상 방안에 대한 연구 -△△고 한○○
과제 연구 목적	본 연구는 소프트 파워를 활용한 공공 외교를 우리나라가 세계 무대에서의 정치적 영향력 경쟁에서 우위를 차지하기 위한 전략으로 삼고 이를 구체화하여 국가 브랜드를 향상시킬 수 있는 방안을 찾고자 한다.

과제 연구 목차

I. 서론
II. 본론
 1. 소프트 파워의 개념과 필요성
 1.1 소프트 파워의 개념과 지표
 1.2 소프트 파워의 필요성
 2. 우리나라의 외교 실정 분석
 2.1 국가 브랜드 순위 분석
 2.2 외교 정책 분석 – 공공 외교를 중심으로
 2.3 우리나라 외교의 문제점과 실패 원인 분석

 3. 외국의 소프트 파워 적용 사례 분석
 3.1 중국의 소프트 파워 적용 사례
 3.2 노르웨이의 소프트 파워 적용 사례
 3.3 영국의 소프트 파워 적용 사례
 4. 소프트 파워를 활용한 우리나라 국가 브랜드 향상 방안
III. 결론
IV. 참고 문헌

과제 연구 제목	빅 데이터 환경에서의 개인정보보호법제의 문제점과 개선 방안 -△△고 이○○
과제 연구 목적	본 연구는 개인정보보호와 빅 데이터 산업의 균형 발전을 중립적인 시각으로 나누어 보려 한다. 먼저 빅 데이터가 무엇인지 알아보고 법적 쟁점에 대해 살펴보고자 한다. 또한 침해 사례에 대해 알아보고 주 문제를 뽑아 개선할 수 있는 대안들을 제시하고자 한다.

과제 연구 목차

과제 연구 제목	자율주행 자동차 상용화 위한 민사적 책임 개선 방안 -△△고 김○○
과제 연구 목적	본 연구에서는 다양한 법제도적 문제 중에서도 교통사고 발생 시 민사적 책임과 관련된 해외 사례와 문제점을 찾아보고 이에 따른 개선 방안을 제시하고자 한다.

과제 연구 목차

I. 서론
II. 본론
 1. 자율주행 자동차의 개념과 특징
  1.1 자율주행 자동차 개념
  1.2 자율주행 자동차 특징
 2. 자율주행 자동차의 핵심 기술
 3. 자율주행 자동차 교통사고 발생 시 민사적 책임 현황 및 문제점
  3.1 책임의 소재

 3.2 사고 원인에 대한 입증
 3.3 민사상 책임
 4. 자율주행 자동차 민사적 책임 해외 사례
  4.1 프랑스
  4.2 일본
 5. 자율주행 자동차 상용화 위한 민사적 책임 개선 방안
III. 결론
IV. 참고 문헌

과제 연구 제목	학교 전담 경찰관 제도의 한계성과 개선 방안 -△△고 조○○
과제 연구 목적	본 연구는 학교 전담 경찰관 제도가 학교 폭력의 예방과 근절에 기여하기 위해서 학교 전담 경찰관 제도의 한계성을 고찰하고, 개선을 위한 방안을 제시하고자 한다.

과제 연구 목차

I. 서론
II. 본론
 1. 학교 전담 경찰관의 개념
 2. 학교 전담 경찰관의 역할과 필요성
 3. 학교 전담 경찰관의 운영 현황
 4. 학교 전담 경찰관 제도의 한계
  4.1 인력의 부족
  4.2 매뉴얼 관련
  4.3 학교와의 협력 부족
 5. 학교 전담 경찰관 제도의 우수 사례
  5.1 학교 전담 경찰관의 인력 확보 사례
   5.1.1 미국의 사례
   5.1.2 영국의 사례

 5.2 학교 전담 경찰관의 매뉴얼 관련 사례
  5.2.1 일본의 사례
  5.2.2 프랑스의 사례
 5.3 학교 전담 경찰관의 학교와의 협력 사례
  5.3.1 프랑스의 사례
  5.3.2 영국의 사례
 6. 학교 전담 경찰관 제도의 개선 방안
  6.1 전담 인력의 확충
  6.2 매뉴얼 개선
  6.3 학교와의 협력 강화
III. 결론
IV. 참고 문헌

과제 연구 제목	검시 제도 독립성의 문제 분석 및 개선 방안 연구 -△△고 고○○
과제 연구 목적	본 연구는 검시 제도의 독립성 문제점을 다른 선진국의 검시 제도 방식과 함께 비교하며 분석하고 개선 방안을 제시함으로써 국가가 죽음과 관련된 국민의 권리를 보호하고, 추가적인 억울한 죽음이 발생하지 않도록 하며, 나아가 국민에게 검시 제도에 대한 신뢰성을 주고자 한다.

과제 연구 목차

과제 연구 제목	자율주행 자동차 사고 발생 시 법적 책임 및 상용화 방안 -△△고 최○○
과제 연구 목적	본 연구는 자율주행자동차의 원리에 대해 간략하게 알아보고 현재 국내, 국외 개발 현황을 파악한다. 현재 시중 상용화를 방해하는 기술적, 사회적 문제점에 대해 알아보고 연구의 주요 연구 문제인 운행 중 사고 발생 시 따르는 법적 책임을 자동차 손해배상법, 제조물 책임법에 따라 알아본다. 나아가 법적 책임에 대한 국외 사례를 비교·분석한다. 이를 바탕으로 마지막으로는 상용화를 위한 개선 방안을 도출하여 미래 전망에 대해 예측하고자 한다.

과제 연구 목차

2. 자율주행 자동차의 개발 현황
 2.1 국내 개발 현황
 2.2 국외 개발 현황
3. 자율주행 자동차 상용화의 한계
 3.1 자율주행 자동차의 기술적 한계

 4.2 제조물 책임법
5. 자율주행 자동차의 상용화 방안
 5.1 상용화를 위한 개선 방안
 5.2 미래 전망
III. 결론
IV. 참고 문헌

과제 연구 제목	청소년의 정치 참여 현황 및 한계와 바람직한 청소년 정치 참여 방향 모색 −△△고 천○○
과제 연구 목적	본 연구에서는 청소년들의 정치의식과 그들이 구체적으로 어떤 경로를 통해 정치를 접하는지를 분석하고, 곧 성인으로서 참정권을 행사하게 될 청소년들이 어떤 교육과 경험을 접하는 것이 바람직한지를 모색하고자 한다. 1. 참정권이란 무엇인가? 2. 청소년이 정치에 참여해야 할 필요성이 있는가? 3. 현재 청소년들은 어떤 경로로 정치를 접하고 있는가? 4. 바람직한 청소년의 정치 참여 방안에는 무엇이 있는가?

과제 연구 목차

과제 연구 제목	청소년 정치 참여의 방해 요인 분석 및 해결 방안 연구 -△△고 김○○
과제 연구 목적	본 연구는 모든 국민에게 선거권이 부여되는 보통선거 원칙의 개념과 보통선거 원칙이 헌법에서 갖는 의의를 제시하며, 청소년의 정치 참여의 필요성과 의의, 현재 우리나라 청소년 정치 참여의 현황을 알아보고, 청소년 정치 참여의 방해 요인과 해결 방안을 분석한다. 그 해결 방안으로서 선거 연령 만 18세 인하를 제시한다. 더 나아가서 본 연구는 청소년의 정치 참여가 금기시되는 대한민국에서 청소년의 정치 참여 확대를 위한 궁극적인 방법을 제시하고자 한다.

과제 연구 목차

한국행정학회, 한국지방자치학회, 한국지적재산권학회, 한국행정사학회, 한국EU학회, 한국정책학회, 한국법철학회, 한국피해자학회, 대한지방행정공제회, 한국경찰학회, 한국정치사상학회, 북한법연구회, 한국국제사법학회, 한국비교정부학회, 한국정치외교사, 국제정치연구, 정치정보연구, 한국동양정치사상사학회, 한국정부학회, 한국법학회, 아세아태평양공법학회, 한국형사정치학회, 한국산업재산권법학회, 대한민사법학회, 한국마약범죄학회, 한일법학회, 한국정치정보학회, 한국토지행정학회, 한국경제법학회, 한국비교형사법학회, 한국환경법학회, 국제거래법학회, 시민정치학회, 증권법연구, 기업법연구, 공법학연구, 사회보장법학, 조세법연구, 한국의료법학회, 환경법과 정책, 법학논총, IT와 법 연구, 한국행정포럼, 한국지방자치학회, 한국정책과학회, 한국공공관리학회, 한국행정학회, 한독사회과학회, 한국동북아학회, 한국도시행정학회, 한국부패학회, 한국법사학회, 한국군사학회, 한국정치외교사학회, 미국헌법학회, 한국항공우주정책·법학회, 법과사회이론학회, 한일민족문제학회 등

■ 관련 분야 추천 도서

도서명	저자	출판사
감시와 처벌	미셸 푸코	나남
국가의 부와 빈곤	데이비드 S. 랜즈	한국경제신문
국부론	애덤 스미스	동서문화사
군주론	니콜로 마키아벨리	서울대학교출판문화원
군중심리	귀스타브 르 봉	문예출판사
내 목은 매우 짧으니 조심해서 자르게	박원순	한겨레신문사
디케의 눈	금태섭	궁리
목민심서	정약용	하서
미래의 법률가에게	앨런 더 쇼비츠	미래인
민주주의란 무엇인가	고병권	그린비

백범일지	김구	하서
복지국가	정원오	책세상
불멸의 신성가족	김두식	창비
세상을 바꾼 법정	마이클 리프 외	궁리
우리 사회를 움직인 판결	전국사회교사모임	휴머니스트
자유론	존 스튜어트 밀	책세상
정의란 무엇인가	마이클 샌델	와이즈베리
헌법의 풍경	김두식	교양인

문학·언어학

문학과 어학 관련 전공의 경우 읽기, 쓰기, 듣기, 말하기 등 해당 언어를 깊이 있게 이해하고 자유롭게 구사할 수 있어야 하며, 해당 문화에 대한 정보와 지식도 폭넓게 습득해야 합니다. 전공 관련 기초 과목은 주로 해당 국가의 언어 관련 과목, 문학 관련 과목, 문화 관련 과목으로 구성됩니다.

■ 진학 학과

국어국문학과, 영어영문학과, 동양어학과, 서양어학과, 통번역학과 등

■ 빅 데이터로 보는 핵심 키워드

■ 과제 연구 사례

과제 연구 제목	판타지 소설의 교육 자료 활용을 위한 개선 방안 연구 −△△고 모○○
과제 연구 목적	본 연구에서는 판타지 소설의 특성을 파악하고, 교육 자료의 예로 든 판타지 소설로 《드래곤 라자》, 《눈물을 마시는 새》, 《해리 포터》, 《나니아 연대기》의 교육 자료 활용 사례와 내용상 적합 여부 등을 분석하여 장점을 살리되 단점을 최소화하는 방법을 모색할 것이다.

과제 연구 목차

과제 연구 제목	초등학생 통신 언어 사용 실태의 문제점에 대한 원인 분석과 개선 방안 : 비속어 사용을 중심으로 -△△고 정○○
과제 연구 목적	본 연구는 통신 언어에서 나타나는 초등학생의 비속어 사용을 중심으로 청소년의 통신 언어 사용 실태에 대해 알아보고 그에 따른 문제점의 원인을 분석하고 개선 방안을 제안하는 것을 목적으로 한다.

과제 연구 제목	인터넷 신조어가 세대 간의 의사소통에 미치는 영향 -△△고 김○○
과제 연구 목적	본 연구는 인터넷 신조어에 대해 이것이 어떻게 변화되고 있는지 우선 연도별로 사례를 나눠 어떤 연관성이 있는지 조사 분석한 후 신조어와 관련된 의사소통 관계에 대해 세대별로 알아보고자 한다.

한국어교육학회, 한국영미문학학회, 한국근대문학연구, 한국시학연구, 한국사전학회, 한국현대문학연구, 새한영어영문학회, 현대영미어문학회, 미래영어영문학회, 한국일본어문학회, 한국한문교육학회, 대한음성학회, 한국한문학회, 국제어문학회, 한국언어학회, 이중언어학회, 우리어문학회, 대한언어학회, 한국현대언어학회, 언어과학회, 한국한문고전학회, 우리말학회, 한국기호학회, 중국어문학회, 국어교육학회, 민족어문학회, 한국현대영미소설학회, 문창어문학회, 한국현대영미시학회, 국문학회, 한국멀티미디어언어교육학회, 한국통역번역학회, 한국구비문학회, 한국문학치료학회, 한국작문학회, 한국번역학회, 한국어의미학회, 현대문법학회 등

■ 관련 분야 추천 도서

도서명	저자	출판사
말들의 풍경	고종석	개마고원
시란 무엇인가	유종호	민음사
신경림의 시인을 찾아서	신경림	우리교육
안정효의 글쓰기 만보	안정효	모멘토
언어의 달인 호모 로켄스	채운	북드라망
정민 선생님이 들려주는 한시 이야기	정민	보림
크라센의 읽기 혁명	스티븐 크라센	르네상스

인문학

    인문학은 인간의 사상 및 문화를 대상으로 하는 학문으로 역사, 고고학, 철학, 윤리 등이 있습니다. 역사학과 고고학 관련 전공은 인간과 사회의 기원과 발전을 탐구합니다. 과거의 사실을 분석하고 이해하기 위해서는 일반적으로 다양한 문화에 대한 깊이 있는 식견이 필요하며, 세부 전공에 따라 고급 외국어 실력이 요구되기도 합니다. 철학은 인간의 삶과 세계 운행의 근본 원리를 탐구하고, 윤리학은 인간의 행동, 사람과 사람의 관계에 대한 규범과 원리를 탐구합니다. 인간과 세계의 근원적 가치를 논하는 학문이므로 인문학 전반을 깊이 이해하고 있으며 세부 전공에 따라 외국어에도 깊은 관심을 가질 필요가 있습니다.

■ 진학 학과

    철학과, 역사학과, 고고학과, 인류학과, 문헌정보학과, 문화재보존학과 등

■ 빅 데이터로 보는 핵심 키워드

■ 과제 연구 사례

과제 연구 제목	한국사 교과서의 가야사 서술 개선 방향에 관한 연구 -△△고 김○○
과제 연구 목적	본 연구는 각 교육 과정의 교과서를 분석하여 가야사 서술의 문제점을 제기하고 앞으로 한국사 교과서가 가야사 서술과 관련해 지향해야 할 방향을 제시해 보고자 한다.

과제 연구 목차

I. 서론
II. 본론
 1. 한국사 교과서의 가야사 서술 방향을 위한 검토
 1.1 가야의 성립과 발전
 1.2 가야사 연구의 흐름
  1.2.1 고려 후기~조선 시대
  1.2.2 일제 강점기 전후
  1.2.3 광복 이후
 2. 한국사 교과서의 가야사 내용 분석 및 문제점

 2.1 1~2차 교육 과정 교과서
 2.2 3~4차 교육 과정 교과서
 2.3 5~6차 교육 과정 교과서
 2.4 7차 교육 과정 교과서
 2.5 2009 개정 교육 과정 교과서
 2.6 2015 개정 교육 과정 교과서
 3. 한국사 교과서 가야사 서술 개선 방안
III. 결론
IV. 참고 문헌

과제 연구 제목	프랑스의 우리 문화재 약탈과 반환 방안: 《외규장각 의궤》를 중심으로 -△△고 박○○
과제 연구 목적	본 연구는 문화재 약탈의 정의와 배경을 알아보고, 반환의 정의와 목적, 종류와 예시들을 살펴봄으로써 문화재 반환의 필요성과 가장 적절하고 바람직한 방법에 대하여 알아보고자 한다. 우리나라와 프랑스 사이의 반환 문제를 분석함으로써 《외규장각 의궤》 반환의 문제점을 알아보려고 한다. 외국의 문화재 반환이 성공한 사례를 분석함으로써 우리나라의 《외규장각 의궤》 반환의 문제의 더 나은 반환 방법에 대해 고민해 본다. 마지막으로 외국의 사례와 정책들을 바탕으로 우리나라 반환 정책의 문제점과 보완점에 대해 알아보고, 그것을 바탕으로 하여 《외규장각 의궤》의 더 나은 반환 방안을 제시하고자 한다.

과제 연구 목차

I. 서론
II. 본론
 1. 문화재 약탈과 반환
  1.1 문화재 약탈의 개념과 배경
  1.2 문화재 반환의 개념
  1.3 문화재 반환의 종류와 예시
 2. 우리나라와 프랑스 사이의 문화재 약탈과 반환 문제
  2.1 프랑스의 우리 문화재 약탈
  2.2 프랑스와 우리나라 간의 문화재 반환 현황

 2.3 《외규장각 의궤》 반환 문제
 3. 외국의 유사 성공적 반환 사례 분석
  3.1 성공적 문화재 반환의 사례 분석
  3.2 외국의 반환 정책 분석
 4. 《외규장각 의궤》 반환 방안
  4.1 우리나라 반환 정책 분석
  4.2 《외규장각 의궤》 반환 방안
III. 결론
IV. 참고 문헌

과제 연구 제목	메탄 하이드레이트에 얽힌 독도 영유권 분쟁의 실태와 대응 방안에 관한 연구 -△△고 송○○
과제 연구 목적	본 연구는 일본의 독도 영유권 주장의 원인을 독도의 광물 자원의 측면에서 바라보고 독도 영유권 분쟁의 역사와 실태를 분석하며 광물 자원을 비롯한 독도의 가치를 알아본다. 또한 이를 통해 한국 정부의 대응 정책 강화의 필요성을 제시하고 바람직한 대응 방안을 모색하고자 한다.

과제 연구 목차

I. 서론
II. 본론
 1. 이론적 배경
  1.1 독도의 중요성
  1.2 메탄 하이드레이트의 가치
 2. 한일 독도 영유권 분쟁
  2.1 독도 영유권 분쟁의 역사 및 실태

 2.2 독도의 자원에 관한 일본의 활동
 2.3 독도의 자원에 관한 한국의 활동
 3. 독도 영유권 분쟁의 대응 방안
  3.1 대응 정책 강화의 필요성
  3.2 대응 방안
III. 결론
IV. 참고 문헌

■ 핵심 학술정보원

한국민속학회, 한국고문서학회, 한국서양사학회, 비교민속학회, 중국철학회, 조선시대사학회, 한국문화인류학회, 한국선사고고학회, 동학학회, 한국철학사상연구회, 한국역사민속학회, 한국헤겔학회, 역사교육학회, 한국철학회, 한국칸트학회, 한국공자학회, 국제문화학회, 국제아세아민속학회, 고려사학회, 한국사상문화학회, 한국고대학회, 한국미학회, 동양학연구학회, 한국논리학회, 한국문헌정보학회, 한국문화사학회, 한국소통학회, 한국니체학회, 서지학회, 한국도서관정보학회, 한국비블리아학회, 정보관리학회, 중국근현대사연구, 현대유럽철학연구 등

■ 관련 분야 추천 도서

도서명	저자	출판사
논어	공자	을유문화사
니코마코스 윤리학	아리스토텔레스	풀빛
동양철학 에세이	김교빈 외	동녘
뜻으로 본 한국 역사	함석헌	한길사
로마인 이야기	시오노 나나미	한길사
리바이어던	토마스 홉스	풀빛
문명의 붕괴	재레드 다이아몬드	김영사
사피엔스	유발 하라리	김영사
삼국사기	김부식	한길사
세계 도서관 기행	유종필	웅진지식하우스
세계사 편력	자와할랄 네루	일빛
실천이성 비판	임마누엘 칸트	아카넷
역사	헤로도토스	풀빛
역사란 무엇인가	에드워드 H. 카	까치
유토피아	토마스 모어	풀빛
자기를 위한 인간	에리히 프롬	나무생각

자유론	존 스튜어트 밀	책세상
존재와 시간	마르틴 하이데거	까치
지적 대화를 위한 넓고 얕은 지식	채사장	한빛비즈
책의 미래	로버트 단턴	교보문고
철학 vs 철학	강신주	오월의봄
철학이 필요한 시간	강신주	사계절
철학 콘서트	황광우	생각정원
총, 균, 쇠	재레드 다이아몬드	문학사상사
향연	플라톤	서해문집
형이상학	아리스토텔레스	책세상

농생물학

농생물학에는 농업생명과학, 산림학, 수산학 등이 있습니다. 이 학과들은 농작물, 산림, 수산물의 생산, 관리, 이용, 보전 등과 관련된 전공이므로 전공 기초 과목은 생명과학 과목과 밀접하게 연결되어 있습니다. 또한 산림 분야는 수목 생리나 토양을 다루므로 화학 관련 지식이 필요하고, 기상, 수문, 토양과 관련해서는 지구과학과 물리학 지식도 있어야 합니다. 수산 분야는 해양과 관련해서 물리학, 지구과학 및 화학 관련 지식이 있어야 합니다. 전공 관련 기초 과목은 작물유전학, 재배학, 산림토양학, 해양의 이해, 해양학개론 등이 있습니다.

■ 진학 학과

농생물학과, 원예학과, 조경학과, 해양학과 등

■ 빅 데이터로 보는 핵심 키워드

■ 과제 연구 사례

과제 연구 제목	미세플라스틱의 방지 정책 비교와 개선 방안 −△△고 이○○
과제 연구 목적	본 연구는 선행 연구를 참고하여 미세플라스틱의 정의, 성분, 특성, 미세플라스틱 해양 쓰레기 현황, 미세플라스틱 방지 정책에서 여러 나라의 미세플라스틱 사용 방지 정책과 한국의 미세플라스틱 사용 방지 정책을 비교하여 이를 바탕으로 미세플라스틱 해양 쓰레기를 관리하는 데 있어 현재 미세플라스틱 해양 쓰레기에 관련하여 법률의 나아갈 방향을 연구하고자 한다.

과제 연구 목차

과제 연구 제목	학교 폭력 피해 청소년의 심리 안정을 위한 산림 치유 프로그램 문제 분석 및 개선 방안 −△△고 이○○
과제 연구 목적	본 연구는 학교 폭력 피해 학생들의 심리적 고통을 치유하기 위한 최적의 대안을 '산림을 통한 치유'로 제시하였다. 또한 여러 산림 요소를 통한 산림 치유를 학교 폭력 피해 청소년에게 적용함으로써 학교 폭력 피해 청소년의 심리적 안정감 등과 같은 긍정적 효과에 대해 이야기하며, 이러한 청소년을 대상으로 '산림 치유 프로그램 문제 분석 및 개선 방안'을 제시하였으며 앞으로 청소년의 심리적 치유를 위해 산림 치유가 적극 활용될 수 있는 토대를 마련하고자 하였다.

과제 연구 목차

한국생물환경조절학회, 한국원예학회, 한국자원식물학회, 한국토양비료학회, 한국가금학회, 동물생명과학회, 한국해양환경에너지학회, 한국조경학회, 한국전통조경학회, 한국양봉학회, 한국응용곤충학회, 한국해양학회, 한국토양동물학회, 한국협동조합학회, 한국환경농학회, 한국유가공기술과학회, 한국응용생명화학회, 한국농업경제학회, 한국국제농업개발학회, 한국식품저장유통학회, 한국차학회, 한국농림기상학회, 한국농약과학회, 한국콩연구회, 한국농촌지도학회, 한국작물학회, 한국농업교육학회, 한국영양사료학회, 한국농공학회, 한국농업기계학회 등

■ 관련 분야 추천 도서

도서명	저자	출판사
숲 생태학 강의	차윤정 외	지성사
음식의 제국	에번 D. G 프레이저 외	알에이치코리아
죽음의 밥상	피터 싱어 외	산책사
지구를 생각한다	김수병 외	해나무
침묵의 봄	레이첼 카슨	에코리브르
협동조합, 참 좋다	김현대, 하종란, 차형석	푸른지식

의학

자연과학 계열

의학 계열은 의예과, 수의예과, 한의예과 등이 있습니다. 의예과는 인체의 구조와 기능을 조사하여 인체의 보건, 질병이나 상해의 치료 및 예방에 관한 방법과 기술을 연구하는 기초 의학, 임상 의학, 사회 의학 등이 있습니다. 수의예과는 동물의 보건과 환경 위생 및 각종 질병 예방과 진료는 물론 공통 전염병의 예방과 진료 등과 관련된 과목을 배우며, 나아가 인간과 동물의 관계와 관련한 동물을 대상으로 하는 전문 의과학입니다. 한의예과는 한의학의 연구와 진료 능력을 소유하고 봉사 정신과 사명감을 갖출 수 있도록 동양 철학을 비롯한 인접 학문에 대한 폭넓은 교양과 한의학 전공 학습을 토대로 합니다. 전공 관련 기초 과목은 일반화학, 일반생물학, 생명과 윤리, 수의학개론, 유기화학, 한의학개론, 한문 등이 있습니다.

■ 진학 학과

의예과, 치의예과, 한의예과, 수의학과 등

인공지능
섭식연하장애
줄기세포 인플루엔자
유전체빅데이터임상실험
프로바이오틱스 수면
생명윤리 메르스
전염병 인공유전자회로
정신건강 3D바이오프린팅 도 덕적정당성
크리스퍼유전자가위 CT 4차산업혁명 종양
의료환경변화
항암제 유전자교정시스템 피톤치드
병리학 깁스
왓슨항생제오남용동물실험
임플란트정밀의학 대체의학

■ 과제 연구 사례

과제 연구 제목	정신과 영역에서의 의학적 접근법과 그 활성화 방안 -△△고 강○○
과제 연구 목적	본 연구를 통해 한방 정신 치료와 한방 정신 치료에 이용되는 한약에 대한 대중의 부정적인 인식을 개선하고 그 우수성을 알리고자 하는 데에 목적이 있다.

과제 연구 목차

과제 연구 제목	단계별 분석을 통한 우리나라 응급 의료 체계의 개선 방안 연구 -△△고 강○○
과제 연구 목적	본 연구는 우리나라의 응급 의료 체계를 단계별로 분석하여 문제점을 찾고, 타 국가들의 우수 사례를 조사하여 우리나라에 적절히 적용할 수 있는 방안을 찾아내 응급 의료 체계의 개선 방안을 제시함으로써 우리나라의 응급 의료 체계를 발전시키는 것을 목적으로 한다.

과제 연구 목차

I. 서론
II. 본론
 1. 응급 의료 체계의 개념과 구성
 1.1 응급 의료 체계의 개념
 1.2 응급 의료 체계의 구성
 2. 우리나라 응급 의료 체계의 실태 분석
 2.1 병원 전 단계에서의 실태 분석
 2.2 병원 단계에서의 실태 분석
 2.3 통신 단계에서의 실태 분석
 2.4 우리나라 응급 의료 체계의 문제점 분석

 3. 외국 응급 의료 체계의 우수 운영 사례
 3.1 미국
 3.2 일본
 3.3 유럽
 4. 우리나라 응급 의료 체계의 개선 방안
 4.1 병원 전 단계에서의 문제점 개선 방안
 4.2 병원 단계에서의 문제점 개선 방안
 4.3 통신 단계에서의 문제점 개선 방안
III. 결론
IV. 참고 문헌

과제 연구 제목	의료용 인공 지능 기술 사용의 양면성 고찰을 통한 활용 방안 -△△고 유○○
과제 연구 목적	본 연구는 인공 지능 기술의 도입의 다양한 사례와 현황을 알아보고 그에 따른 양면성을 고찰하여 인간 의사와 의료용 인공 지능 기술 사이의 쟁점을 완화하고 조화를 이루며 활용될 수 있는 방안을 찾아보고자 한다.

과제 연구 목차

I. 서론
II. 본론
 1. 의료용 인공 지능 기술의 이론적 배경
 1.1 인공 지능의 개념
 1.2 인공 지능 기술의 발달
 1.3 인공 지능 기술을 적용한 의료 기술
 2. 의료용 인공 지능 기술의 도입 현황
 2.1 기존 의료 기술과 인공 지능 발달 후 의료 기술 비교

 2.2 국내외의 의료용 인공 지능 기술 도입 현황 분석
 3. 인공 지능을 적용한 의료 기술의 양면성 고찰
 3.1 긍정적 측면
 3.2 부정적 측면
 4. 의료용 인공 지능 기술 활용 방안
III. 결론
IV. 참고 문헌

과제 연구 제목	유전자 편집 기술 규제의 문제점 및 개선 방안 -△△고 주○○
과제 연구 목적	본 연구에서는 유전자 편집 기술에 대한 개념과 원리, 그리고 이에 따라 함께 나타날 수 있는 여러 윤리적 문제들을 알아보고, 다른 나라의 유전자 편집 기술 규제 방향을 살펴보아서 앞으로 행해야 할 바람직한 법률과 규제 방향을 도출해 보고자 한다. 1. 유전자 편집 기술과 유전자 가위의 개념을 원리와 함께 설명하고, 유전자 편집 기술 현황에 대해서 설명한다. 2. 유전자 편집 기술이 갖는 문제점을 윤리적 관점에서 본 문제점과 유전자 편집 기술 규제의 문제점으로 나누어서 분석해 보고, 그에 대한 개선 방안을 도출한다.

과제 연구 목차

과제 연구 제목	개인 맞춤형 의료의 발전과 NGS 기술 동향 -△△고 이○○
과제 연구 목적	본 연구는 NGS 기술 및 연구 동향을 분석하고 NGS를 이용한 개인 맞춤형 의료의 보편화를 위한 방안을 모색하고자 한다.

과제 연구 목차

과제 연구 제목	항생제 내성 관리 대책 분석 및 개선 방안 연구 -△△고 명○○
과제 연구 목적	본 연구는 항생제 내성 관리 대책의 문제점을 분석하고 개선 방안을 제시하고자 한다

과제 연구 목차

과제 연구 제목	인플루엔자 바이러스 돌연변이에 따른 백신 개발 시스템의 문제 분석 및 개선 방안 -△△고 한○○
과제 연구 목적	인플루엔자를 예측하는 여러 종류의 모형 가운데 가장 고전적인 시스템인 SIR 모형은 관찰된 정보에 의하여 S단계에서 I단계로 넘어가는 시점과 I단계에서 R단계로 넘어가는 시점은 정확히 알아낼 수 없다고 한다. 이 시점이 파악되어야만 전체 경로를 파악할 수 있기 때문에 이에서 비롯하는 오차가 발생할 수 있고 뿐만 아니라 정확한 잠복 기간이 파악되지 않는다는 한계점이 있다. 따라서 본 연구에서는 이러한 한계점을 극복하기 위한 방안을 제시하고자 한다.

과제 연구 목차

■ 핵심 학술정보원

대한간학회, 대한안과학회, 대한치주과학회, 대한천식알레르기학회, 대한바이러스학회, 대한외상학회, 대한혈관외과학회, 대한핵의학회, 대한산부인과학회, 대한내과학회, 대한골절학회, 대한암학회, 대한수부외과학회, 대한마취통증의학회, 한국정신병리진단분류학회, 대한소아감염학회, 대한척추외과학회, 한국아동심리재활학회, 한국재활음악치료학회, 의료정책포럼, 생물치료정신의학회, 대한한의학회, 대한외과학회, 대한치과의사협회, 대한치과의료관리학회, 대한치과재료학회, 대한치과교정학회, 한국실험동물학회, 한국임상수의학회, 대한이식학회, 대한간암학회, 대한신경치료학회, 한방비만학회, 한국의학교육학회, 한국인지운동치료연구회, 대한미세수술학회, 대한피부과학회, 대한정형외과학회, 대한당뇨학회, 대한한의진단학회, 대한소화기내시경학회, 대한노인병학회, 대한응급의학회, 대한면역학회, 대한소화기학회 등

■ 관련 분야 추천 도서

도서명	저자	출판사
국경없는 의사회	데이비드 몰리	파라북스
닥터스 씽킹	제롬 그루프먼	해냄
메스를 들고	모하메드 카드라	휴먼앤북스
미래의 의사에게	페리 클라스	미래인

성채	A. J. 크로닌	민음사
시골의사의 아름다운 동행	박경철	리더스북
의학사를 이끈 20인의 실험과 도전	크리스티안 베이마이어	주니어김영사
의학 오디세이	앤 루니	돋을새김
의학의 역사	재컬린 더핀	사이언스북스
인체 기행	권오길	지성사
인체와 첨단의학	가와이 겐스케 외	아이뉴턴
질병과 죽음에 맞선 50인의 의학 멘토	수전 앨드리지	책숲
하리하라의 몸 이야기	이은희	해나무
하리하라의 청소년을 위한 의학 이야기	이은희	살림Friends

보건학

　보건 계열은 간호학과, 임상병리학과, 약학과 등이 있습니다. 간호학은 인간의 건강과 관련하여 인간, 환경, 간호학의 상관관계를 규명하고 실천하는 학문으로, 자연과학과 인문사회과학적 특성을 통합하고 있습니다. 임상병리학은 기초의학, 생명과학으로부터 나온 응용생명과학의 한 분야로 다양한 임상 검사의 이론과 실제를 탐구합니다. 약학과는 생명 현상에 관계되는 물질에 관한 종합 응용과학으로서 자연과학의 특수 응용 분야인 만큼 의약품에 관한 학문적 이론을 탐구하고 의약품 개발 능력을 배양합니다. 전공 관련 기초 과목으로는 생물학, 화학, 심리학, 간호학개론, 임상병리학개론, 인체해부학, 약학개론 등이 있습니다.

■ 진학 학과

　간호학과, 물리치료학과, 재활치료학과, 임상병리학과, 응급구조학과, 치기공학과, 치위생학과, 약학과 등

물리치료
지역사회복지개발
일반의약품약국외판매 웰니스
헬스케어 손씻기
의약품
중환자실 3D바이오프린팅
의사소통장애 약학 스마트디바이스
타이레놀
작업치료 노인장기요양보험 물리치료사
응급구조 자동물류취급시스템
심폐소생술 의료서비스 지역사회위생
면역간호사 포괄간호서비스 공공복지
초음파 문재인케어 보건교육

■ 과제 연구 사례

과제 연구 제목	빅 데이터를 활용한 국내 보건 의료 체계의 활성화 방안에 대한 고찰 -△△고 제○○
과제 연구 목적	본 연구는 빅 데이터를 의료 서비스 체계에 적용하여 활용하고 있는 외국의 사례를 분석하여 4차 산업혁명 시대에 뒤처지지 않고 '빅 데이터'를 활용하여 국민 의료의 질을 높이기 위한 국내 보건 의료 체계의 활성화 방안 고찰에 목적을 두고 진행하였다.

과제 연구 목차

I. 서론
II. 본론
 1. 4차 산업혁명과 빅 데이터의 개념
 1.1 4차 산업혁명의 개념
 1.2 빅 데이터의 개념과 의학적 활용 가치
 2. 국내 보건 의료 체계의 빅 데이터 활용
 2.1 보건 의료 체계의 개념
 2.2 보건 의료 체계의 구성 요소
 3. 국내 보건 의료 체계의 하부 구조별 운영 방법
   및 문제점

 4. 국내 보건 의료 체계의 빅 데이터 활용 실태
 5. 외국 보건 의료 체계의 빅 데이터 활용 사례
 5.1 미국 빅 데이터 활용 사례
 5.2 영국 빅 데이터 활용 사례
 5.3 외국 보건 의료 체계의 빅 데이터 활용 사례
   분석
 6. 빅 데이터를 활용한 국내 보건 의료 체계의 활
   성화 방안
III. 결론
IV. 참고 문헌

과제 연구 제목	일반 의약품 약국 외 판매의 안전성 문제 분석 및 개선 방안 −△△고 이○○
과제 연구 목적	본 연구는 일반 의약품 약국 외 판매로 인해 나타나는 안전성의 문제를 파악하고자 하였고, 이 정책을 실시하고 있는 사례를 찾아보고 해결할 수 있는 개선 방안을 내놓았다. 1. 일반 의약품 약국 외 판매의 안전성 문제 2. 일반 의약품 약국 외 판매의 개선 방안

과제 연구 목차

I. 서론
II. 본론
1. 의약품의 개념 및 종류
1.1 의약품의 개념
1.2 의약품의 종류
1.2.1 안전상비약품
2. 일반 의약품의 개념 및 종류
2.1 일반 의약품의 개념
2.2 일반 의약품의 종류

3. 일반 의약품의 약국 외 판매의 개념 및 목적
4. 일반 의약품의 약국 외 판매의 정책
5. 일반 의약품의 약국 외 판매의 현황
6. 일반 의약품의 약국 외 판매의 문제점
7. 일반 의약품의 약국 외 판매의 안전성 해결 사례
8. 일반 의약품의 약국 외 판매의 안전성 개선 방안
III. 결론
IV. 참고 문헌

과제 연구 제목	치매 치료에 활용되는 동물로봇의 상용화 현황 분석 및 개선 방안 −△△고 김○○
과제 연구 목적	본 연구는 치매 치료에 활용되는 동물로봇의 상용화 현황과 문제점을 분석하고 개선 방안을 제시하고자 한다.

과제 연구 목차

I. 서론
II. 본론
1. 치매의 개념 및 원인
1.1 치매의 개념
1.2 치매의 증상
1.3 치매의 원인
2. 치매 노인의 건강 문제를 해결하기 위한 방안
3. 동물로봇의 개념 및 종류
3.1 동물로봇의 개념
3.2 동물로봇의 출현
4. 치매 치료에 활용되는 동물로봇의 특성 및 종류
4.1 치매 치료에 활용되는 동물로봇의 특성

4.2 치매 치료에 활용되는 동물로봇의 종류
4.2.1 베이비로이드(Babyloid)
4.2.2 파로
4.2.3 코비
5. 치매 치료에 활용되는 동물로봇의 상용화 현황
6. 치매 치료에 활용되는 동물로봇의 상용화 문제점
7. 치매 치료에 활용되는 동물로봇의 상용화 국외 사례
8. 치매 치료에 활용되는 동물로봇의 상용화 개선 방안
III. 결론
IV. 참고 문헌

과제 연구 제목	의료 분야에서 빅 데이터 활성화에 따른 개인정보보호법제의 부정합 문제 분석 및 해결 방안 연구 −△△고 ○○○
과제 연구 목적	본 연구는 보건 의료 빅 데이터의 현황을 살펴보고 현행 개인정보보호법제의 문제점을 분석하고 개선 방안을 제시하고자 한다.

과제 연구 목차

과제 연구 제목	나노 기술 약물 전달 시스템과 3D 프린팅을 이용한 맞춤형 알약 제작의 발전 방향 −△△고 전○○
과제 연구 목적	본 연구는 앞으로 약학 발전의 중요한 역할을 하게 될 맞춤형 알약 제작의 발전 방향에 대해 제시하는 것에 연구의 초점을 놓을 것이다. 이미 연구가 활발히 진행되고 있는 나노 기술 약물 전달 시스템과 3D 프린팅 기술을 조사하고, 개발된 알약들에 대해 조사해 볼 예정이며, 맞춤형 알약 제작에 이 두 가지 기술들의 장점만을 모아 적용시키는 방안을 제시함으로써 맞춤형 알약의 발전 방향을 제시하고자 한다. 또한 발전한 현대 과학에서 앞으로 맞춤형 알약의 개발이 다양한 분야에서 어떻게 활용될 것이고 어떻게 주목받게 될지에 대해 연구하고 새롭게 떠오르고 있는 이 꿈의 신약 개발이 과연 성공적인 성과를 거두기 위해선 어떻게 해야 할지 검토하고자 한다.

과제 연구 목차

과제 연구 제목	영양제의 복용이 청소년에게 미치는 영향 -△△고 정○○
과제 연구 목적	본 연구는 청소년의 영양제 섭취 실태를 문헌 분석을 통해 알아본 뒤, 그에 따른 문제점들을 파악하고자 한다. 우선 청소년이 가장 많이 섭취하는 영양제의 종류를 파악한다. 영양제에 포함된 영양소들을 제대로 확인하지 않고 섭취하는 청소년들의 행동이 영양 과잉 등의 문제를 초래하고 따라서 건강에 안 좋은 영향을 끼칠 수 있다는 사실을 알려, 청소년들에게 그에 대한 경각심을 일깨우고 또한 해결 방안을 모색하여 올바른 영양 지식과 영양제 섭취 습관을 기르고자 한다.

과제 연구 목차

■ 핵심 학술정보원

한국노인의료복지학회, 한국생약학회, 대한산업보건협회, 한국보건정보통계학회, 대한물리치료학회, 간호행정학회, 한국간호교육학회, 한국간호과학회, 기본간호학회, 한국보건간호학회, 성인간호학회, 한국웰니스학회, 한국치위생과학회, 물리치료재활과학회, 대한스포츠의학회, 한국위생과학회, 한국응용약물학회, 한국보건행정학회, 한국의료윤리학회, 한국보건교육학회, 대한의료커뮤니케이션학회, 국제물리치료연구학회, 국제통합대체의학협회, 한국보건사회학회, 한국전문물리치료학회, 아동간호학회, 한국약제학회, 한국임상영양학회 등

■ 관련 분야 추천 도서

도서명	저자	출판사
간호사, 프로를 꿈꿔라!	도나 월크 카르딜로	한언
로잘린드 프랭클린과 DNA	브렌다 매독스	양문
메풀 전산초 평전 : 대한민국 간호학의 어머니	메풀재단	늘봄
새로 만든 내 몸 사용설명서	마이클 로이젠 외	김영사
생명의료윤리	구영모	동녘
세계의 보건 대통령 이종욱	박현숙	샘터
아웃	주영선	가쎄
인체를 지배하는 메커니즘	일본뉴턴프레스	아이뉴턴

생활과학

생활과학 계열은 식품영양학과 의상학과(의류학과) 등으로 구성되어 있습니다. 식품영양학과는 식생활을 통해 건강한 삶을 누릴 수 있도록 식품과 영양에 관한 과학적 지식을 연마하여 지역 사회 및 국민의 영양과 건강을 증진하는 데 기여할 수 있는 지도자를 교육하고 양성합니다. 의류학과는 의생활 환경의 형성 및 의류에 관한 전반적인 사항을 연구하여 의류 제품이 만들어지고 착용되기까지의 모든 분야를 연구합니다. 식품영양학과의 교육 과정에는 식품학, 영양학, 조리학 관련 과목이 있으며, 의상학과의 경우 복식 디자인, 서양 의복 구성, 한복 구성, 패션 마케팅, 섬유 재료학, 의복 위생학 등이 있습니다.

■ 진학 학과

생활과학과, 소재공학과, 식품영양학과, 의류학과 등

패션 분장 인터넷의류쇼핑
식품소비행태
인스턴트라면
20대여성의추구이미지 의류관리시스템
편의점도시락 열풍건조
한복 GMO 발효식품 음식조리
폴리페놀 식품첨가물
제과제빵 쇼윈도디스플레이 유행
MSG 고령친화식품 압출성형 식품알레르기
아웃도어 섭식장애
브랜드웨어러블디바이스 식품영양표시
레토르트식품 기능성컨버터블의류디자인 연하장애
의류소비성향 항산화 섬유신소재 소믈리에
건강관심도 미생물 식품안전관리제도 유기농식품
친환경식품 바리스타 식중독위험인식
식문화 영양소섭취상태 섬유생산 스마트의류
즉석편의식품 유니폼 의상 이유식 설탕
불량식품 복합추출물
실버의류 나트륨 교복 섭취량

■ 과제 연구 사례

과제 연구 제목	고령자의 섭식 상태를 고려한 고령자용 식품의 실태 및 개선 방안 −△△고 김○○
과제 연구 목적	본 연구는 고령자의 노화로 인한 의학 문제를 직접적으로 해결하기보다는 음식을 섭취할 때 섭식 상태로 인한 불편, 어려움을 해소하기를 바라는 입장이다. 이를 위해 고령자가 현재 겪고 있는 문제들을 정확히 파악하고 그에 따른 음식을 개발하고 발전시키는 것이 우리의 근원적인 연구의 필요성이라고 할 수 있다. 또한 고령자 식품에 대해 정확히 정의하고 고령자 식품의 특성을 분석하고 유형을 살펴보아야 한다. 고령자의 섭식 상태를 고려한 고령자용 식품의 실태를 조사하고 개선 방안을 분석하기 위해 이 연구에 임하게 되었다.

과제 연구 제목	청소년의 에너지 음료 음용의 문제점 및 개선 방안 −△△고 한○○
과제 연구 목적	본 연구는 청소년들을 대상으로 에너지 음료에 있는 성분과 그 부작용, 에너지 음료 음용 실태, 에너지 음료 음용 문제점을 파악하고 그에 따른 에너지 음료 음용의 개선 방안을 제시하고자 한다.

■ 핵심 학술정보원

한국패션디자인학회, 한국섬유공학회, 한국식품과학회, 한국식품영양과학회, 한국
의상디자인학회, 한국산업식품공학회, 한국식품위생안전성학회, 한국식품영양학회,
한국의류학회, 한국패션비즈니스학회, 복식문화학회, 한국복식학회, 한국의류산업
학회, 한국생활과학회 등

■ 관련 분야 추천 도서

도서명	저자	출판사
과학 한잔하실래요?	강석기	MID
눈의 황홀	마쓰다 유키마사	바다출판사
디자인 캐리커처	김재훈	디자인하우스
서양 패션의 역사	제임스 레버	시공아트
시크릿 스페이스	서울과학교사모임	어바웃어북
옷장에서 나온 인문학	이민정	들녘
육식의 종말	제레미 리프킨	시공사
음식으로 읽는 한국 생활사	윤덕노	깊은나무
인간이 만든 위대한 속임수 식품첨가물	아베쓰카사	국일미디어
정재승의 과학 콘서트	정재승	어크로스

패션: 개념에서 소비자까지	지니 스티븐스 프링스	시그마프레스
패션의 탄생	강민지	루비박스
하리하라의 음식과학	이은희	살림Friends
헝그리 플래닛	피터 멘젤 외	월북

자연과학

　자연과학 계열은 탐구하는 대상에 따라 수학, 물리, 화학, 생명과학, 천문·지구과학, 환경과학과가 있습니다. 수학과는 수학을 통해 수리력, 추리력, 분석적인 사고 능력, 엄격한 논리 체계 및 사물을 인식하고 이해하는 방법을 배워 자연과학, 공학, 인문학, 사회과학에 이르기까지 광범위하게 응용할 수 있는 학문입니다. 물리학은 우리 주위에서 일어나는 모든 자연 현상들의 법칙을 연구하는 학문으로 수학과 함께 공학 분야의 기초를 이룹니다. 화학은 물질의 기본 성분과 고유한 성질 및 구조를 이해하고, 이들이 상호 작용하여 어떤 반응이 일어나서 어떻게 변환되는지를 연구하는 학문입니다.

　생명과학은 생명에 관계되는 현상이나 생물의 여러 가지 기능을 연구하여 의료나 환경 보존 등 인류 복지에 사용하는 과학입니다. 천문·지구과학은 수학과 물리학 지식을 바탕으로 우주를 구성하는 태양계, 항성, 성운, 성단, 은하에서 일어나는 현상을 관측하고, 지구의 생성과 진화, 지구 구성 물질의 순환, 지구의 구조 등 전반전인 지구의 작용과 지구 구성 물질에 대한 이해를 추구하는 학문입니다. 환경과학은 환경 오염의 감소와 방지 등 공해 문제를 중심으로 한, 여러 환경 문제를 과학적으로 구명하는 응용과학의 한 분야입니다. 각 학과에 해당하는 전공 기초 과목들은 모두 학과명과 관련 있는 과목들이며, 수학을 기초로 한 창의적 탐구 능력이 중요합니다.

■ 진학 학과

수학과, 물리학과, 화학과, 생명과학과, 대기과학과, 천문학과, 지질학과, 통계학과 등

■ 빅 데이터로 보는 핵심 키워드

■ 과제 연구 사례

과제 연구 제목	피보나치수열을 확장한 황금비의 개념과 실생활에 적용된 사례를 통한 수열 교육의 효과성 연구 -△△고 서○○
과제 연구 목적	본 연구에서는 크게 세 가지의 문제를 다룰 것이다. 첫째, 현재 수학 교육에 대한 문제점은 무엇이고 이에 대한 해결책은 무엇인가. 둘째, 수열의 정의와 앞으로 어떻게 활용되는가. 셋째, 피보나치수열과 황금비는 무엇이고, 실생활에 적용된 사례는 무엇인가. 이 문제들을 다루며 피보나치수열과 황금비가 적용된 사례를 통한 수열 교육의 문제점에 대한 해결책을 제시하고자 한다.

과제 연구 제목	악성 종양 치료에 있어서 수지상 세포의 의학적 활용 방안 −△△고 하○○
과제 연구 목적	본 연구에서는 세포 치료 분야에서 중요한 역할을 하는 수지상 세포에 대해 알아보고자 한다. 수지상 세포의 구조와 기능에 대해서 알아보고 항원 제시 과정에서의 다른 항원 제시 세포와 구분되는 특징을 알아본다. 더 나아가 이러한 특징을 참고하여 종양 제거에서의 활용 방안을 생각해 보고자 한다.

과제 연구 제목	DNA 데이터베이스의 윤리적 쟁점 및 개선 방안 : 미국의 CODIS를 중심으로 −△△고 마○○
과제 연구 목적	본 연구에서는 DNA 데이터베이스 법제의 개념에 대하여 탐구하고, 위의 법제에 대하여 발생하고 있는 윤리적 문제점에 대하여 알아본다. 그 후 미국, 영국, 캐나다 등 DNA 데이터베이스가 해외에서 이용되고 있는 다양한 사례를 조사하고, 그를 대한민국의 DNA 데이터베이스 법제 현황과 비교한다. 이를 통하여 현재 발생하고 있는 윤리적 문제점에 대한 개선 방안을 제시하고, 이러한 개선 방안이 이루어졌을 때 사회에 미치는 긍정적 영향 및 기대 효과를 예상해 본다.

과제 연구 목차

■ 핵심 학술정보원

한국지역지리학회, 생화학분자생물학회, 한국지구과학회, 생명과학학회, 한국자기학회, 한국진공학회, 한국분석과학회, 한국미생물학회, 한국대기과학회, 한국기후변화학회, 대한지질학회, 한국천문학회, 한국기상학회, 한국암성학회, 한국생물교육학회, 한국식물학회, 한국조류학회, 대한지구물리학회, 한국환경생태학회, 한국질량분석학회, 한국생물공학회, 한국식물분류학회, 한국물리학회, 대한원격탐사학회, 한국유전학회, 한국태양에너지학회, 한국고분자학회, 한국동굴학회, 한국생태학회, 한국과학교육학회, 한국지형학회, 한국곤충학회, 한국균학회, 한국과학사학회, 한국광물학회, 대한화학회, 자연사 미래환경학회 등

도서명	저자	출판사
E=mc²	데이비드 보더니스	웅진지식하우스
X의 즐거움	스티븐 스트로가츠	웅진지식하우스
거의 모든 것의 역사	빌 브라이슨	까치
나의 생명 수업	김성호	웅진지식하우스
내가 유전자 쇼핑으로 태어난 아이라면	정혜경	뜨인돌
눈먼 시계공	리처드 도킨스	사이언스북스
물은 답을 알고 있다	에모토 마사루	더난출판사
박사가 사랑한 수식	오가와 요코	현대문학
부분과 전체	베르너 하이젠베르크	서커스
빅 데이터를 지배하는 통계의 힘	니시우치 히로무	비전코리아
빛의 물리학	EBS 〈다큐프라임〉 제작팀	해나무
생물과 무생물 사이	후쿠오카 신이치	은행나무
수학 비타민 플러스	박경미	김영사
수학, 인문으로 수를 읽다	이광연	한국문화사
시간의 역사	스티븐 호킹	까치
엔트로피	제러미 리프킨	세종연구원
역사를 바꾼 17가지 화학 이야기	페니 르 쿠터	사이언스북스
위대한 설계	스티븐 호킹	까치
이기적 유전자	리처드 도킨스	을유문화사
재밌어서 밤새 읽는 화학 이야기	사마키 다케오	더숲
지구의 속삭임	칼 세이건 외	사이언스북스
진화론 강의	리처드 도킨스	옥당
천문학 콘서트	이광식	더숲
총, 균, 쇠	재레드 다이아몬드	문학사상사
침묵의 봄	레이첼 카슨	에코리브르
카오스	제임스 글릭	동아시아
코스모스	칼 세이건	사이언스북스
파인만 씨, 농담도 잘하시네!	리처드 파인만	사이언스북스
화학으로 이루어진 세상	크리스틴 메데페셀헤르만 외	에코리브르

건축 · 환경학

　건축, 환경공학 계열은 건축학, 건축공학, 토목공학, 환경공학과 등이 있습니다. 건축공학은 건축물의 설계와 시공 두 가지 분야로 나뉘며 건축물의 구조, 공법, 재료, 역학 등을 공부하여 안전하고 견고한 건축물을 짓기 위한 다양한 방법을 연구하는 학문입니다. 환경공학은 대기, 물, 토양 등의 자연환경을 구성하는 환경이 어떻게 변화하고 있는지, 또 이러한 환경이 오염되는 원인을 밝히고 오염 물질을 분석하며, 환경 오염에 따르는 문제점 및 해결 방안을 연구하는 학과입니다. 공학의 기본인 수학을 기초로 하여 물리학에 대한 흥미가 필요하며, 건축의 경우에는 예술과 역사, 환경공학의 경우에는 생명과학 및 화학 관련 기초 지식이 필요합니다.

■ 진학 학과

　건축학과, 건축공학과, 토목공학과, 생명공학과, 생명자원공학과, 식품공학과, 도시공학과, 교통공학과, 환경공학과 등

■ 빅 데이터로 보는 핵심 키워드

■ 과제 연구 사례

과제 연구 제목	공동주택 주거 환경의 정신적, 신체적, 사회적 문제점 분석 및 개선 방안 −△△고 김○○
과제 연구 목적	본 연구는 서울 공동주택 주거 환경의 문제점을 분석하고 그 문제점에 대한 개선 방안을 제안하기 위하여 수행되었다. 본 연구에서는 공동주택의 개념에 대해 정의하고, 공동주택 주거 환경의 특성을 정신적 측면, 신체적 측면, 사회적 측면 세 가지로 나누어 분류하였으며, 이 분류에 따라 개선 방안을 제시하고자 한다.

과제 연구 목차

I. 서론
II. 본론
 1. 공동주택의 개념
 1.1 공동주택의 정의
 1.2 공동주택의 유형
 1.3 공동주택의 역사
 2. 공동주택 주거 환경 특성
 2.1 공동주택 주거 환경의 정신적 측면
 2.2 공동주택 주거 환경의 신체적 측면
 2.3 공동주택 주거 환경의 사회적 측면

 3. 공동주택 주거 환경 특성의 실태 및 문제점
 3.1 공동주택 주거 환경의 정신적 측면
 3.2 공동주택 주거 환경의 신체적 측면
 3.3 공동주택 주거 환경의 사회적 측면
 4. 공동주택 주거 환경의 개선 방안
 4.1 공동주택 주거 환경의 정신적 측면
 4.2 공동주택 주거 환경의 신체적 측면
 4.3 공동주택 주거 환경의 사회적 측면
III. 결론
IV. 참고 문헌

과제 연구 제목	초등학교 실내 색채가 초등학생의 정서에 미치는 영향 –△△고 임○○
과제 연구 목적	본 연구는 초등학생의 특성을 바탕으로 하여 색채가 초등학생에게 미치는 영향을 파악하고, 현재 초등학교 실내 색채를 조사한다. 그 후 초등학생의 특성을 반영한 학교와 그렇지 못한 학교를 비교하고 해당 학교 학생들을 분석하여 색채의 중요성을 널리 알려 초등학생에 적합한 교육 환경을 조성하는 방향을 제시하는 데 그 목적이 있다.

과제 연구 목차

I. 서론
II. 본론
 1. 색채의 정서적 효과
  1.1 색채
  1.2 색채 심리(색채의 정서적 효과)
  1.3 색채 선호
 2. 초등학생의 특성
  2.1 정서 발달 측면
  2.2 색채 발달 측면

 3. 색채가 초등학생에게 미치는 영향
  3.1 초등학생의 특성에 따른 색채의 영향
  3.2 색채에 따른 초등학생의 특성
 4. 초등학교 실내 색채의 실태
  4.1 초등학교 실내 색채의 실태
  4.2 초등학교 실내 색채에 따른 초등학생들의 특성
 5. 초등학교 실내 색채의 효과적인 적용 방안
III. 결론
IV. 참고 문헌

과제 연구 제목	어린이 놀이터의 안전 실태 조사와 개선 방안 연구 –△△고 우○○
과제 연구 목적	본 연구의 목적은 국내 어린이 놀이터의 안전 실태를 조사, 분석함으로써 어린이 놀이 공간을 위한 개선 방안을 제시하는 것이다. 이를 위하여 전국 어린이 놀이터의 설치 현황과 안전사고를 분석하였고, 어린이 놀이시설 안전관리법과 품질 경영 및 공산품 안전 관리법 등 관련 규정을 해석하였다. 이러한 분석을 근거로 어린이 놀이터 안전의 문제점을 도출하고 이에 대한 개선 방안을 제시하고자 한다.

과제 연구 목차

I. 서론
II. 본론
 1. 어린이 놀이터
  1.1 어린이 놀이터의 정의
  1.2 어린이 놀이터의 특징
 2. 어린이 놀이시설의 설치 현황
 3. 어린이 놀이터 안전사고 실태
 4. 놀이터 안전 관리 규정과 인증 제도
  4.1 어린이 놀이시설 안전 관리법

  4.2 품질 경영 및 공산품 안전 관리법
  4.3 기타 규정
 5. 어린이 놀이터 안전상의 문제점
 6. 어린이 놀이터 안전상의 개선책
  6.1 관련 법률 개선을 통한 환경 개선
  6.2 놀이터 시설 보완을 통한 환경 개선
  6.3 안전 교육을 통한 환경 개선
III. 결론
IV. 참고 문헌

과제 연구 제목	○○구 미세먼지 현황과 문제점 분석 및 개선 방안 -△△고 김○○
과제 연구 목적	본 연구는 특히 서울시 전체의 미세먼지 농도와 우리 학교가 위치한 ○○구 지역의 미세먼지 현황을 비교하며 ○○구 미세먼지 현황에 대한 정확한 이해를 돕고, ○○구의 미세먼지 대책 수립을 제안하고자 한다.

과제 연구 목차

I. 서론
II. 본론
 1. 미세먼지의 정의 및 종류
 1.1 미세먼지의 정의
 1.2 미세먼지와 초미세먼지의 비교
 2. 미세먼지의 발생 원인과 농도 기준
 2.1 자연적 발생
 2.2 인위적 발생
 2.3 미세먼지의 농도 기준
 3. 미세먼지가 인체의 건강에 미치는 영향 및 질병
 4. 미세먼지의 대응책
 4.1. 국가 차원의 대응책
 4.2 개인 차원의 대처법
 5. ○○구의 미세먼지 오염 현황
 6. ○○구의 미세먼지 오염 분석
 7. 미세먼지 오염 개선 지자체 사례
 8. ○○구의 미세먼지 오염 개선 방안
III. 결론
IV. 참고 문헌

과제 연구 제목	바이오에너지를 위한 학교 급식 잔반 활용 방안 연구 : ○○여자고등학교를 중심으로 -△△고 류○○
과제 연구 목적	본 연구에서는 음식물 쓰레기와 바이오에너지에 대한 개념을 살펴보고 학교 잔반 실태를 조사하고 이를 에너지로 전환시킨 방법에 대해 제시해 보고자 한다.

과제 연구 목차

I. 서론
II. 본론
 1. 음식물 쓰레기의 개념 및 특성
 1.1 음식물 쓰레기의 개념
 1.2 음식물 쓰레기의 발생 현황
 1.3 음식물 쓰레기의 처리 과정 및 현황
 1.4 음식물 쓰레기의 문제점
  1.4.1 수거 방식의 문제점
  1.4.2 처리 방식의 문제점
 2. 바이오에너지의 개념 및 특성
 2.1 바이오에너지의 개념
 2.2 바이오에너지의 종류
  2.2.1 바이오매스 직접 연소
  2.2.2 바이오디젤
  2.2.3 바이오에탄올
  2.2.4 바이오가스
 2.3 바이오에너지의 개발 현황
 3. ○○여자고등학교 급식 잔반 실태 및 문제점
 4. 학교 잔반을 바이오에너지로의 활용
 4.1 음식물 쓰레기를 에너지로 전환시킨 사례
 4.2 학교 잔반을 에너지로 활용시키는 방안 연구
III. 결론
IV. 참고 문헌

과제 연구 제목	고등학교 환경 교육 프로그램의 실태 및 개선 방안 -△△고 박○○
과제 연구 목적	본 연구를 통해 고등학교 환경 교육 프로그램의 실태와 해결 및 개선 방안에 대해 제시하고 고등학교에서 환경 교육이 중요하다는 시사점을 제시하려고 한다.

과제 연구 목차

과제 연구 제목	학교 실내 공기질 유지·관리의 문제점 분석 및 개선 방안 -△△고 조○○
과제 연구 목적	본 연구는 학교의 실내 공기 오염 물질과 학교 보건법의 실내 공기질 유지 기준 및 관리 방안을 조사하고자 한다. 또한 학교의 실내 공기질 유지 및 관리 현황과 문제점을 분석하고 국외 사례 조사를 통해 국외의 우수한 사례를 참고하여 보다 효과적인 개선 방안까지 제시하는 것이 그 목적이다.

과제 연구 목차

■ 핵심 학술정보원

한국물환경학회, 대한지질공학회, 한국목재공학회, 한국환경관리학회, 한국건축설비학회, 한국생활환경학회, 한국도로학회, 한국지형공간정보학회, 한국녹지환경디자인학회, 한국환경보건학회, 한국건축친환경설비학회, 한국주거학회, 한국생태환경건축학회, 대한건축학회, 대한환경공학회, 대한토목학회, 콘크리트학회, 한국철도학회, 서울도시연구, 한국도시설계학회, 대한지리학회, 한국지역지리학회, 한국환경복원기술학회, 한국공간구조학회, 한국환경분석학회, 대한상하수도학회, 한국지반공학회, 대한토목공학회, 한국폐기물자원순환학회, 한국환경영향평가학회, 대한교통학회, 한국교육시설학회 등

■ 관련 분야 추천 도서

도서명	저자	출판사
건축을 묻다	서현	효형
나의 문화유산답사기	유홍준	창비
내일의 건축	이토 도요	안그라픽스
도시는 무엇으로 사는가	유현준	을유문화사
불편한 진실	앨 고어	좋은생각
오래된 미래	헬레나 노르베리 호지	중앙북스

인간 없는 세상	앨런와이즈먼	랜덤하우스
침묵의 봄	레이첼 카슨	에코리브르
페터 춤토르 건축을 생각하다	페터 춤토르	나무생각
페터 춤토르 분위기	페터 춤토르	나무생각
행복의 건축	알랭 드 보통	청미래

기계·전자·컴퓨터학

　기계·전자·컴퓨터학 계열은 기계공학, 자동차공학, 조선해양공학, 컴퓨터공학, 전기공학, 전자공학 등이 있습니다. 기계공학과는 각종 기계의 성능, 설계, 제작, 이용, 관리 등 기계와 관련되는 것에 관해 이론적, 실험적으로 응용, 연구하는 학과입니다. 전기공학은 전기 에너지의 공급과 수급을 위한 전력 시스템 분야, 산업체의 원동력인 전동기 제어 및 전력 전자 분야, 전기 전자 설비의 설계 및 운용을 위한 로봇 및 자동차 분야 등을 탐구합니다. 전자공학과는 전자, 정보통신, 컴퓨터 등 관련 산업 분야에서 대처할 수 있는 능력을 기르기 위해 신호 처리, 반도체 설계, 통신 시스템, 전자기파 분야에서 이론 및 실습 교육을 수행하는 학과입니다. 컴퓨터공학과는 컴퓨터의 하드웨어, 소프트웨어, 멀티미디어, 임베디드 시스템 등의 지식과 기술을 익혀 다양한 분야에 적용하는 학과입니다. 전공 기초 과목은 수학, 물리학, 화학, 컴퓨터 과목이 주를 이룹니다. 최근에는 인공 지능 및 로봇 공학에 관심이 높아져, 전자와 정보통신에 대한 학습이 요구되고 있습니다. 또한 세부 전공에서도 정교한 기계 설계를 위해 매우 다양한 심화 과목들을 포함합니다.

■ 진학 학과

　기계공학과, 전기공학과, 전자공학과, 제어계측공학과, 자동차공학과, 항공우주공학과, 항공운항학과, 해양공학과, 컴퓨터공학과, 정보통신공학과, 소프트웨어공학과 등

■ 빅 데이터로 보는 핵심 키워드

■ 과제 연구 사례

과제 연구 제목	고등학생 진로 교육의 문제점 분석 및 개선 방안 -△△고 이○○
과제 연구 목적	본 연구는 고등학생 진로 교육의 문제점을 분석하고 다른 나라의 우수 진로 교육 사례를 들어 우리나라에 적합한 진로 교육의 방향을 제시해 보고자 한다.

과제 연구 목차

과제 연구 제목	항공기 조류 충돌 관리 규제의 문제 분석 및 개선 방안 -△△고 장○○
과제 연구 목적	본 연구는 항공기의 조류 충돌 피해 현황을 조사하고 항공기 조류 충돌 관리 규제의 문제점을 분석하여 개선 방안을 제시하고자 한다.

과제 연구 목차

I. 서론
II. 본론
 1. 조류 충돌 정의
 2. 항공기의 조류 충돌 피해 현황
 2.1 항공기의 조류 충돌 추이
 3. 항공기 조류 충돌 관리 규제
 3.1 조류 충돌 법적 책임
 3.2 조류 충돌 관련 법규

 3.2.1 민간 공항 조류 충돌 관련 법규
 3.2.2 군 공항 조류 충돌 관련 법규
 4. 항공기의 조류 충돌 관리
 5. 항공기의 조류 충돌 관리 규제의 현황 및 한계
 6. 항공기의 조류 충돌 관리 규제의 개선 방안
III. 결론
IV. 참고 문헌

과제 연구 제목	피싱 및 파밍 공격에 의한 개인 정보 유출 문제와 정보 보안 교육 개선 연구 -△△고 조○○
과제 연구 목적	본 연구는 인터넷 사기 기술, 기법 중 대표적인 사회 공학적 공격으로 알려진 피싱(phishing)과 파밍(Pharming)에 대해 자세히 알아봄으로써 이에 대한 인터넷 사용자의 정보 보안 인식을 높이고, 이들을 위한 피싱과 파밍 피해를 줄일 수 있는 정보 보안 교육 개선의 방향을 제시하고자 한다.

과제 연구 목차

I. 서론
II. 본론
 1. 개인정보의 개념 및 특징
 1.1 개인정보의 개념
 1.2 개인정보의 특징
 2. 피싱 및 파밍의 정의와 특징
 2.1 피싱의 정의와 특징
 2.2 파밍의 정의와 특징
 3. 피싱과 파밍의 유형
 3.1 스미싱 공격
 3.2 E-Mail 피싱 공격

 3.3 URL 스푸핑 공격 및 IP 주소 접속 공격
 4. 개인정보의 유출과 보안 기술
 4.1 개인정보를 유출하는 피싱과 파밍의 현황
 4.2 패스워드 노출 실험으로 볼 수 있는 개인정보의 유출
 4.3 유출 방지를 위한 보안 기술
 5. 국내의 정보 보안 교육의 문제점
 6. 미국의 정보 보안 교육 사례
 7. 정보 보안 교육 개선 방안
III. 결론
IV. 참고 문헌

과제 연구 제목	증강현실 게임인 포켓몬 GO의 사용자 안전성 강화를 위한 예방 방안 －△△고 문○○
과제 연구 목적	본 연구는 증강현실이 도입된 포켓몬 GO의 피해 사례를 분석하여 사용자가 보다 안전하게 게임을 즐길 수 있도록 예방 방안을 마련하고 정부의 체계적인 대응의 필요성을 강조하고자 한다.

과제 연구 목차

I. 서론
II. 본론
 1. 증강현실 게임의 특성
 1.1 증강현실의 정의와 원리
 1.2 증강현실 게임의 종류
 2. 증강현실 게임인 포켓몬 GO의 사례 분석
 2.1 포켓몬 GO의 정의

 2.1.1 포켓몬 GO의 사용 방법
 2.1.2 포켓몬 GO의 원리
 2.2 포켓몬 GO의 열풍
 2.3 포켓몬 GO의 피해 사례
 3. 사용자 안전성 강화를 위한 예방 방안
III. 결론
IV. 참고 문헌

과제 연구 제목	드론의 사생활 침해 현황 및 법적 규제 개선 방안 －△△고 김○○
과제 연구 목적	본 연구에서는 먼저 드론과 사생활 침해의 개념을 정리하고, 여러 문제점들 중 사생활 침해에 집중하여 드론 사생활 침해 사례와 그에 따른 법적 규제, 규제의 문제점 등을 살펴보고 그에 따른 개선 방안을 제시해 보고자 한다.

과제 연구 목차

I. 서론
II. 본론
 1. 드론의 개념 및 기술
 1.1 드론의 개념
 1.2 드론의 기술
 2. 사생활 침해의 개념 및 유형
 2.1 사생활 침해의 개념
 2.2 무인 항공기 사생활 침해의 개념
 2.3 무인 항공기 사생활 침해의 유형
 3. 국내 드론의 사생활 침해 현황
 4. 드론의 사생활 침해 규제의 개념
 5. 드론의 사생활 침해의 가상 규제 사례

 5.1 드론 비행 가상 상황
 5.2 위 상황이 위반한 법률들
 5.2.1 「성폭력 범죄의 처벌 등에 관한 특례법」 위반
 5.2.2 「정보통신망 이용촉진 및 정보보호 등에 관한 법률」 위반
 5.2.3 「통신비밀보호법」 위반
 5.2.4 「개인정보보호법」 위반
 5.2.5 「위치 정보의 보호 및 이용 등에 관한 법률」 위반
 6. 드론의 사생활 침해 규제의 문제점
 7. 드론의 사생활 침해 규제 개선 방안
III. 결론
IV. 참고 문헌

과제 연구 제목	우리나라의 우주 파편 제거 기술의 한계와 개선 방안 고찰 -△△고 최○○
과제 연구 목적	본 연구는 우주 파편의 개념 및 현황, 우주 파편 제거의 개념 및 필요성, 우주 파편 제거 방법(PMD, ADR), 국내 우주 파편 제거 연구 현황 및 한계, 해외 우주 파편 제거 현황, 우리나라의 우주 파편 제거 기술과 제안 차례로 진행했다. 우리나라의 우주 파편 제거 기술 연구와 해외의 우주 파편 제거 기술 연구의 동향을 비교하여 우리나라 우주 파편 제거 기술의 한계를 분석하고 개선 방안을 고찰한다.

과제 연구 목차

과제 연구 제목	구글의 개인정보 보안 문제 분석 및 개선 방안 -△△고 민○○
과제 연구 목적	본 연구는 포털사이트 중 구글의 개인정보 보안 문제점에 대해서 알아보고 개선 방안을 제시해 보고자 한다.

과제 연구 목차

한국화학공학회, 대한조선학회, 한국소음진동학회, 한국정보보호학회, 한국자동차공학회, 한국항공우주학회, 한국연소학회, 한국유화학회, 한국공업화학회, 한국수소및신에너지학회, 대한기계학회, 한국기계공학회, 한국항공운항학회, 한국항행학회, 한국정밀공학회, 한국전자거래학회, 한국정보기술학회, 한국통신학회, 한국정보전자통신기술학회, 전자공학회, 한국방송미디어학회, 한국콘텐츠학회, 한국컴퓨터정보학회, 한국멀티미디어학회, 제어로봇시스템학회, 한국조명전기설비학회, 대한전기학회, 전력전기학회, 대한산업공학회, 한국시뮬레이션학회, 한국신뢰성학회, 대한인간공학회, 대한해양공학회, 한국기술혁신학회 등

■ 관련 분야 추천 도서

도서명	저자	출판사
거의 모든 IT의 역사	정지훈	메디치미디어
거의 모든 인터넷의 역사	정지훈	메디치미디어
공학이란 무엇인가	성풍현	살림
기초 전기전자공학	홍종성 외	석학당
누가 내 소프트웨어를 훔쳐갔지?	양나리	탐
도구와 기계의 원리 Now	데이비드 맥컬레이	크래들
로봇의 부상	마틴 포드	세종서적
맥스웰이 들려주는 전기 자기 이야기	정완상	자음과모음
물건 이야기	애니 레너드	김영사
세상을 바꿀 테크놀로지 100	닛케이BP사	나무생각
시크릿 스페이스	서울과학교사모임	어바웃어북
우리에게 IT란 무엇인가	김국현	궁리
인간 vs 기계	김대식	동아시아
인류학자가 자동차를 만든다고?	김찬호	비룡소
착한 에너지 기행	김현우 외	이매진

산업·재료 공학

산업공학과는 인간, 물자, 정보, 설비 및 기술로 이루어지는 종합적 시스템을 설계, 분석, 운용 및 개선하는 데 초점을 두며, 전공 기초 과목은 수학, 경영학, 컴퓨터 과목이 주를 이룹니다. 재료공학은 공업 재료의 제조 공정, 성질, 구조 상호 간의 관계를 연구하는 학문입니다. 금속, 요업, 고분자 재료를 비롯하여 첨단 재료에 대한 연구를 목적으로 하며, 기초 과목은 재료과학, 일반물리학, 일반화학, 공학수학 등이 있습니다.

■ 진학 학과

산업공학과, 신소재공학과, 재료공학과, 고분자공학과, 섬유공학과, 에너지자원공학과, 화학공학과, 화장품과학과 등

■ 빅 데이터로 보는 핵심 키워드

■ 과제 연구 사례

과제 연구 제목	청소년을 대상으로 한 3D 맞춤형 제작 깁스의 치료 방안 −△△고 김○○
과제 연구 목적	본 연구는 국내에서 사용되는 깁스의 문제점을 분석·해결하기 위해 해외에서 연구 중인 3D 프린팅 기술을 이용한 3D 맞춤형 제작 깁스의 도입을 제안하고자 한다.

과제 연구 목차

과제 연구 제목	바이오에너지를 위한 학교 급식 잔반 활용 방안 연구 : ○○여자고등학교를 중심으로 −△△고 류○○
과제 연구 목적	본 연구에서는 앞서 기술한 학교 잔반 실태에 대해서 직접 인터뷰를 하여 조사하고 선행 논문 연구를 통해 필요한 정보를 수집하여 학교 잔반을 에너지로 전환시키는 방법에 대해 제시하고자 한다.

과제 연구 목차

과제 연구 제목	3D 바이오 프린팅의 소유권 관련 법적 쟁점 −△△고 조○○
과제 연구 목적	본 연구에서는 3D 바이오 프린팅의 개념, 기술적 측면과 현황을 다루고 이를 바탕으로 관련된 법적 쟁점을 소유권을 중심으로 검토함으로써, 3D 바이오 프린팅 인공 장기의 산업화에 앞서 적절한 해결 방안을 제안하고자 한다.

과제 연구 목차

■ 핵심 학술정보원

한국빅데이터학회, 한국복합재료학회, 한국태양에너지학회, 한국태양광발전학회,
한국산업기술학회, 한국가스학회, 한국암반공학회, 한국표면공학회, 한국지형공간
정보학회, 한국화장품미용학회 등

■ 관련 분야 추천 도서

도서명	저자	출판사
미래를 여는 에너지	안젤라 로이스턴	다섯수레
반도체에 생명을 불어넣은 사람들	밥 존스턴	굿모닝북스
세계 1위 메이드 인 코리아 : 반도체	최영락 외	지성사
세계 시장을 주도할 크로스 테크놀로지 100	닛케이BP사	나무생각
웰컴 투 디지털 월드	클라이브 기퍼드	중앙M&B

예술

　특별한 소재·수단·형식으로 기교를 구사하여 미를 창조·표현하는 인간의 활동 및 그 작품을 대상으로 하는 학문 영역으로, 음악, 미술, 연극, 공연 등의 시간예술, 공간예술, 종합예술이 있습니다. 예술 계열은 '아름다움'을 중심 개념으로 어떤 '형상'에 의해 표현하는 데 관련된 음악, 미술, 연극 등 여러 분야 중의 하나를 학습합니다. 이에 적합한 지식을 갖추고 실기 능력을 기르기 위해서는 해당 분야에 필요한 연주 능력 또는 창작 능력, 공연 능력, 예술 창조에 대한 깊은 이해도와 높은 감상 능력 등이 요구됩니다. 미적 표현을 바탕으로 하기 때문에 예술 활동을 창조적으로 이끌어 나갈 수 있는 이론적인 습득과 함께 우수한 실기 능력이 필요합니다. 또한 예술 문화에 대한 인문학적 이해력과 실천적 태도도 필요합니다.

■ 진학 학과

　미술학과, 미술교육과, 공예학과, 영상콘텐츠과, 예술학과 등

■ 빅 데이터로 보는 핵심 키워드

■ 과제 연구 사례

과제 연구 제목	중학생의 진로 결정 자기 효능감 향상을 위한 집단 미술 치료 프로그램 영향 및 개선 방안 −△△고 공○○
과제 연구 목적	본 연구는 집단 미술 치료 프로그램의 문제점과 개선 방안을 제시함으로써 보완된 집단 미술 치료 프로그램을 제안하고자 한다.

과제 연구 목차

I. 서론
II. 본론
 1. 자기 효능감의 개념 및 특성
 2. 중학생의 자기 효능감의 개념 및 특성
 3. 집단 미술 치료의 개념
 4. 중학생 진로 결정 자기 효능감 향상을 위한 집단 미술 치료 프로그램 현황
 4.1 집단 미술 치료 프로그램이 중학생의 진로 결정 자기 효능감에 미치는 영향

 4.2 격려 집단 미술 치료가 청소년의 진로 결정 자기 효능감에 미치는 효과
 5. 중학생 진로 결정 자기 효능감 향상을 위한 집단 미술 치료 프로그램의 문제점
 6. 중학생 진로 결정 자기 효능감 향상을 위한 집단 미술 치료 프로그램 개선 방안
III. 결론
IV. 참고 문헌

과제 연구 제목	집단 미술 치료가 학교 폭력 가해 중학생의 공격성 감소에 미치는 영향 -△△고 김○○
과제 연구 목적	본 연구에서는 학교 폭력으로 인하여 사법 처리가 될 정도로 심각하지는 않으나 최근 담임 교사의 주의와 상담을 받았던 학교 폭력 가해 중학생을 대상으로 집단 미술 치료를 통하여 학교 폭력과 직접적인 관련이 있는 공격성의 감소에 미치는 영향에 대하여 알아보고자 한다.

과제 연구 목차

과제 연구 제목	청소년 학교 문화 예술 교육의 문제점 분석과 활성화 방안에 대한 연구 -△△고 차○○
과제 연구 목적	본 연구는 현재 국내 청소년 학교 문화 예술의 현황과 사례 분석을 통해 국내 청소년 문화 예술 교육의 문제점에 대해 파악하고 국내 청소년 학교 문화 예술 교육의 활성화 방안에 대해 고찰하며 국내 청소년 학교 문화 예술 교육의 방향성을 정립하고자 한다.

과제 연구 목차

미술사와 시각문화학회, 동양미술사학회, 한국연극예술치료학회, 미래음악교육학회, 한국공연문화학회, 한국드라마학회, 한국영화교육학회, 한국국악교육학회, 민속음악학회, 판소리학회, 한국전통음악회, 한국음악교육공학회, 서양미술사학회, 한국색채학회, 한국애니메이션학회, 한국극예술연구, 한국디자인문화학회, 한국실내디자인학회, 한국디자인학회, 한국엔터테인먼트산업학회, 한국음악사학회, 한국조형디자인학회, 한국정보디자인학회, 세계음악학회, 한국디자인과학학회, 한국연극학회, 한국기초조형학회, 한국다큐멘터리사진학회, 커뮤니케이션디자인학회, 한국디지털영상학회, 한국피아노학회, 한국전통무예학회, 디자인융복합학회, 한국예술교육학회, 한국미술사학회, 한국음악학학회, 한국미학예술학회, 한국연극교육학회, 한국극예술학회, 현대사진영상학회, 한국일러스아트학회, 한국색채조형학회 등

■ 관련 분야 추천 도서

도서명	저자	출판사
나는 사진이다	김홍희	다빈치
나를 완성하는 미술관	공주형	탐
나의 예술 인생	스타니슬랍스키	책숲
내가 사랑하는 클래식	박종호	시공사
다른 방식으로 보기	존 버거	열화당
뮤지컬을 꿈꾸다	정재왈	아이세움
사진학강의	바브라 런던 외	포토스페이스
선생님, 클래식이 뭐예요	윤희수	가람누리
애니메이션의 장르와 역사	이용배	살림
연극의 즐거움	케네스 M. 카메론 외	예문
이강백 희곡전집	이강백	평민사
재미있는 우리 국악 이야기	이성재	서해문집
조윤범의 파워클래식	조윤범	살림

청바지 입은 오페라	문호근	개마고원
청소년을 위한 한국음악사	송혜진 외	두리미디어
콘스탄틴 브랑쿠시	캐럴라인 랜츠너	알에이치코리아
한국의 미 특강	오주석	푸른역사
한국현대만화사	박인하 외	두보북스

체육

　운동, 스포츠 및 신체 활동과 관련된 인간 움직임에 대한 전반적인 분야를 대상으로 하는 학문 영역이며 체육학과와 체육교육과를 비롯하여 스포츠경영학과, 스포츠건강관리학과, 운동재활학과, 스포츠레저학과, 생활체육학과, 스포츠의학과, 스포츠지도학과 등이 해당됩니다. 일반적으로 인간의 움직임에 대한 역사, 철학, 교육학, 사회학, 심리학, 생리학, 역학, 운동 학습, 코칭, 측정·평가 등 체육과 관련된 여러 분야를 종합적으로 학습합니다. 따라서 이에 적합한 다양한 인문학 및 자연과학 등의 폭넓은 식견을 필요로 하며 분야에 따라 깊은 전문적 지식도 요구됩니다. 신체 활동 또는 인간의 움직임을 바탕으로 하기 때문에 전공 학문의 이론적인 습득과 함께 우수한 실기 능력이 필요합니다. 인간의 움직임에 대한 전반적인 분야를 다루기 때문에 운동 실기 능력은 물론 스포츠 문화에 대한 인문·사회·자연과학적 측면의 실천적 이해가 필요합니다.

■ 진학 학과

　체육학과, 체육교육학과, 레저스포츠학과, 무용학과, 사회체육학과 등

■ 빅 데이터로 보는 핵심 키워드

건강관리 몰입
체력관리 PAPS
운동몰입 국가대표 스포츠심리상담 탈의실
경기예절 대한체육회 문화체육관광부
시설개발 청소년건강장려 스포츠지도
스포츠중계방송
올림픽레거시 올림픽 레크레이션
배드민턴
생활체육 스포츠마케팅 체육요원병역특례
경기전략 학교스포츠클럽 스피드 참여동기
자기관리행동 스포츠관광 여가생활 경기기록
무용 안전사고
청소년비만문제 건강
신체표현 스포츠음료

■ 과제 연구 사례

과제 연구 제목	학교 스포츠 클럽 문제점 분석 및 개선 방안 -△△고 이○○
과제 연구 목적	본 연구는 한국 학교 스포츠 클럽의 문제점을 외국의 학교 스포츠 클럽 활동 운영과 비교하여 외국 학교 스포츠 클럽을 본보기로 하여 한국의 학교 스포츠 클럽의 문제점을 개선하고, 학교 스포츠 클럽을 활성화하는 것에 목적이 있다. 　1. 현재 학교 스포츠 클럽의 활동 실태는 어떠한가? 　2. 현재 학교 스포츠 클럽의 문제점은 무엇인가? 　3. 외국과 비교하여 한국 학교 스포츠 클럽 문제점의 개선 방안은 무엇인가?

과제 연구 목차

과제 연구 제목	학교 체육 시설 실태 파악을 통한 개선 방안 연구: ○○고를 중심으로 -△△고 김○○
과제 연구 목적	본 연구는 ○○여자고등학교 학교 체육 시설의 실태 조사를 통해 현재 학교 체육 시설의 문제점을 찾고 학교 체육 시설 모범 운영 사례를 분석하여 ○○여자고등학교의 학교 체육 시설 개선 방안을 제시하고자 한다.

과제 연구 목차

・ ■ 핵심 학술정보원

한국체육학회, 한국사회체육학회, 한국여성체육학회, 인하대학교 스포츠과학 연구소, 한국스포츠교육학회, 한국체육과학회, 대한운동학회, 한국체육측정평가학회, 한국유아체육학회, 한국리듬운동학회, 한국스포츠코칭학회, 국제태권도학회, 한국노인체육학회, 한국체육정책학회, 한국무용교육학회, 한국무용연구학회, 세계태권도학회, 한국체육무용국제교류학회, 한국스포츠엔터테인먼트법학회, 한국발육발달학회, 한국체육철학회, 한국유산소운동과학회, 한국체육교육학회, 한국운동생리학회, 대한무용학회, 한국스포츠심리학회, 한국스포츠사회학회 등

■ 관련 분야 추천 도서

도서명	저자	출판사
가지 않은 길	최의창	레인보우북스
기억을 공유하라! 스포츠 한국사	김학균 외	이콘
나의 직업 스포츠인	청소년행복연구실	동천
뉴스포츠의 이해	한국뉴스포츠협회	21세기교육사
똑같은 시간을 살아도 : 대한민국 최초 여성 경호 CEO 고은정 에세이	고은정	황금물고기
몸짓과 문화: 춤 이야기	신상미	대한미디어
새로 만든 내 몸 사용설명서	마이클 로이젠 외	김영사
스포츠문화를 읽다	이노우에 순 외	레인보우북스
야구란 무엇인가	레너드 코페트	황금가지
우리 무용 100년	김경애 외	현암사
우리 삶이 춤이 된다면	조던 매터	시공사
재밌는 육상이야기	김기진	이담북스
청소년을 위한 체육	구츠무츠	레인보우북스
축구란 무엇인가	크리스토프 바우젠바인	민음인

교육

교육 계열은 가르치는 대상에 따라 유아교육, 초등교육, 중등교육, 특수교육, 그리고 가르치는 교과에 따라 인문사회 계열, 자연공학 계열, 예체능 계열로 나뉠 수 있으며, 교육에 대한 기본적 바탕이 되는 교육학과도 있습니다. 기본적으로 교육 대상에 대한 애정과 교수 학습 방법에 대한 전문 지식을 갖고 있어야 합니다. 또한 유·초등 및 특수 학교의 경우에는 인문, 사회, 과학, 예체능 등의 다양한 분야에 전반적인 관심을 가지고 있는 것이 좋습니다. 전공 관련 기초 과목은 교육학개론, 교육심리, 교육 철학 및 교육사, 교육사회학, 각 전공별 교과 등이 있습니다.

■ 진학 학과

과목 관련 교육과, 교육학과, 초등교육과 등

■ 빅 데이터로 보는 핵심 키워드

■ 과제 연구 사례

과제 연구 제목	남북한 학제의 비교 분석 및 통일 한국의 학제 제안 -△△고 이○○
과제 연구 목적	본 연구는 남북한의 학제를 비교하고, 더 나아가 앞서 통일을 이룬 독일의 학제 통합 사례를 참고하여 통일 한국에 적합한 남북한 통합 학제를 제안하고자 한다.

과제 연구 목차

과제 연구 제목	중등학교 담임 교사의 상담 활동 실태와 개선 방안 -△△고 정○○
과제 연구 목적	본 연구에서는 고등학교 담임 교사 상담 활동의 실태와 개선 방안이 무엇인지 살펴보고자 한다. 이 연구를 통해 담임 교사 상담 활동의 실태와 상담 활동에 대한 학생의 요구를 알 수 있어 담임 교사 상담 활동을 보다 효율적으로 진행할 수 있는 방안을 찾고자 한다.

과제 연구 목차

과제 연구 제목	우리나라 수학 교육 과정의 창의성 문제 분석 및 개선 방안 -△△고 김○○
과제 연구 목적	본 연구는 현재 창의성에 기반을 둔 수학 교육 과정의 발현 가능성과 이에 필요한 것들을 알린다. 또한 다른 나라의 사례에 비교하여 우리나라의 실태를 분석하고 적용될 점을 알린다. 이 연구는 과연 창의적 교육 과정이 발현될 수 있는지 가능성을 확인하는 연구이다.

과제 연구 목차

과제 연구 제목	일반계 고등학생 학생 선택권의 문제점 분석 및 개선 방안 연구 −△△고 채○○
과제 연구 목적	본 연구는 선행 연구를 바탕으로 학생의 관점에서 느낀 선택 중심 교육 과정 고등학생의 과목 선택 주도성의 문제점, 학생의 과목 선택 주도성을 해치는 내·외부적 요인 등을 알아보고 그에 대한 개선 방안을 제시하고자 한다.

과제 연구 목차

과제 연구 제목	통합 교육에 대한 인식의 문제점과 개선 방안: 통합 학급 일반 교사와 일반 학생의 인식을 중심으로 −△△고 김○○
과제 연구 목적	본 연구에서는 우리나라 통합 교육에 대한 인식의 문제점, 해결 방안, 그리고 국내외 통합 교육 사례를 바탕으로 하여 우리나라 통합 교육이 나아가야 할 방향을 제시하고자 한다. 1. 통합 학급 교사들과 학생들이 인식하는 통합 교육이란 무엇인가? 2. 우리나라에서 시행되고 있는 통합 교육에 대한 인식의 문제점과 해결 방안은 무엇인가?

과제 연구 제목	완벽주의 성향의 고등학생 학업 소진 원인 분석 및 자기 수용을 통한 개선 방안 -△△고 김○○
과제 연구 목적	본 연구의 목적은 개인 기준 완벽주의와 평가 염려 완벽주의 고등학생들의 자기 수용 및 학업 소진과의 관계를 살펴보고 완벽주의와 학업 소진 사이에서 자기 수용이 매개적 역할을 하는지에 대하여 알아봄으로써 학업 소진을 경험하고 있는 학생들의 소진 정도를 낮출 수 있다는 함의를 제공하며, 궁극적으로 학생들의 심리적 소진을 경감시켜 삶의 질을 향상시키고 건설적인 방향으로 인생을 살아갈 수 있도록 돕는 것이다.

과제 연구 제목	북한 이탈 청소년 지원 정책과 개선 방향 －△△고 이○○
과제 연구 목적	본 연구에서는 국내의 북한 이탈 청소년들을 보호하고 적응과 정착을 지원하는 정책과 사례들을 조사하여 현행 정책의 한계 및 문제점을 알아내고, 북한 이탈 청소년들이 사회에 잘 적응할 수 있도록 정책 개선 방향을 제시해 보고자 한다.

과제 연구 목차

I. 서론
II. 본론
 1. 북한 이탈 청소년의 의미
 2. 북한 이탈 청소년의 실태
 2.1 북한 이탈 청소년의 탈북 경로
 2.2 북한 이탈 청소년의 신체적 건강과 정신적 건강 현황
 2.3 북한 이탈 청소년의 학교 교육 적응 실태
 3. 북한 이탈 청소년 지원 정책

 3.1 멘토링
 3.2 학업 보충
 3.3 정서, 의사소통
 4. 북한 이탈 청소년 지원 정책의 문제점
 4.1 학습적 측면의 문제점
 4.2 사회적 측면의 문제점
 5. 북한 이탈 청소년 지원 정책 개선 방향
III. 결론
IV. 참고 문헌

과제 연구 제목	제4차 산업혁명 시대, 미래 사회가 요구하는 인재를 창출하기 위한 교육의 발전 방향 －△△고 손○○
과제 연구 목적	본 연구에서는 제4차 산업혁명이란 무엇이고, 어떤 변화를 수반하는지 연구하고자 한다. 또한 이를 바탕으로 미래에는 어떤 인재가 필요할 것인지 구상하고, 그런 인재를 육성하기 위해서 교육이 나아가야 할 방향을 제시하고자 한다.

과제 연구 목차

I. 서론
II. 본론
 1. 제4차 산업혁명의 의미
 1.1 제4차 산업혁명의 정의
 1.2 제4차 산업혁명의 현황
 2. 제4차 산업혁명으로 인한 사회의 변화
 2.1 사회의 초연결화와 초지능화
 2.2 과학기술적 측면
 2.3 노동적 측면
 2.4 경제적 측면
 2.5 예술·문화적 측면
 3. 제4차 산업혁명으로 인한 인재상의 변화

 3.1 인재상과 교육 과정의 변천
 3.2 미래 사회가 요구하는 역량
 4. 제4차 산업혁명과 교육의 상호 관련성
 5. 현재 교육의 한계점
 5.1 진로 교육의 한계점
 5.2 지적 교육의 한계점
 6. 제4차 산업혁명 시대의 교육 방향
 6.1 진로 교육의 방향
 6.2 지적 교육의 방향
III. 결론
IV. 참고 문헌

역사교육학회, 교육사학회, 한국윤리교육학회, 한국아동교육학회, 한국유아교육학회, 한국건전사회교육학회, 한국교육과정학회, 한독교육학회, 한국도덕교육학회, 한국정서행동장애아교육학회, 한국교육원리학회, 한국진로교육학회, 한국교육심리학회, 인간교육학회, 한국중등영어교육학회, 한국생물교육학회, 한국과학교육학회, 한국통합교육과정학회, 한국공학교육학회, 한국컴퓨터교육학회, 한국교육정보미디어학회, 한국교육방법학회, 한국기술교육학회, 한국정보교육학회, 한국수학교육학회, 열린부모교육학회, 한국상담학회, 한국생태유아교육학회, 한국고등교육학회, 우리교육, 교육실천연구, 인적자원개발연구, 교육심리연구, 진로교육연구, 한국교육공학회, 한국민주시민교육학회, 한국지방교육경영학회, 한국교육철학학회, 영유아교육학회, 한국성인교육학회, 한국교육철학회, 한국교육학회, 영상영어교육학회, 한국직업교육학회, 한국특수아동학회, 한국안전교육학회, 한국초등교육학회, 미래유아교육학회 등

■ 관련 분야 추천 도서

도서명	저자	출판사
가르칠 수 있는 용기	파커 J. 파머	한문화
교사와 학생 사이	하임 G. 기너트	양철북
김용택의 교단일기	김용택	문학동네
꼴찌도 행복한 교실	박성숙	21세기북스
나는 대한민국의 교사다	조벽	해냄
나는 선생님이 좋아요	하이타니 겐지로	양철북
내가 정말 알아야 할 모든 것은 유치원에서 배웠다	로버트 풀검	RHK
놀이의 반란	EBS 〈놀이의 반란〉 제작팀	지식너머
도토리의 집	야마모토 오사무	한울림스페셜
딥스	버지니아 M. 액슬린	샘터

모리와 함께한 화요일	미치 앨봄	세종서적
세계 명문가의 독서교육	최효찬	예담프렌드
아이의 사생활	EBS 〈아이의 사생활〉 제작팀	지식채널
에밀	장 자크 루소	육문사
유럽의 교육	로맹가리	책세상
이오덕 교육일기	이오덕	한길사
이우학교 이야기	정광필 외	갤리온
죽은 시인의 사회	N. H. 클라인바움	서교출판사
침묵으로 가르치기	도널드 L. 핀켈	다산초당
하이타니 겐지로의 유치원 일기	하이타니 겐지로	양철북
학교란 무엇인가	EBS 〈학교란 무엇인가〉 제작팀	중앙북스

자유 전공

　자유전공학부에는 분과 학문의 경계와 고착된 사고방식을 탈피하여 융합적이고 창의적으로 사고하는 인재를 키우기 위한 자기 주도적 탐구 과목이 주를 이룹니다. 이러한 취지에 부합하기 위해서는 고등학교에서 다양한 과목을 균형 있게 이수해 두는 것이 가장 중요합니다.

　대학에서 집중적으로 공부하고 싶은 분야가 인문사회 계열인지 자연공학 계열인지 미리 결정한 후 여기에 맞춰서 교과 영역을 모두 아우르며 다양한 과목을 이수해 두는 것이 유리합니다. 교육 과정에 있는 진로 선택 과목들, 예를 들면 수학 과제 탐구, 사회 과제 탐구, 융합 과학뿐 아니라 생활 교양 영역의 철학이나 논리학, 제2외국어 등도 이수하는 것이 좋습니다. 과목들을 이수할 때 지식을 수동적으로 받아들이기보다는 스스로 사고를 디자인해 나가는 문제 해결 학습이나 프로젝트 기반 학습 경험을 두루 쌓아두는 것도 필요합니다.

■ 진학 학과

　학생의 진로 선택에 따라 달라짐

■ 키워드 빅 데이터

■ 과제 연구 사례

과제 연구 제목	청소년의 사회적 기업 인식 향상 및 참여 활성화 방안을 위한 연구 −△△고 방○○
과제 연구 목적	본 연구에서는 청소년의 사회적 기업에 대한 전반적인 인지 수준을 알아보고 사회적 기업이 생산하고 제공하는 재화와 서비스에 대한 청소녀의 참여도와 구매 의사, 구매 요인, 그리고 청소년의 사회적 기업 인식과 참여도를 활성화할 수 있는 홍보 역할도 함께 수행하였다. 본 연구를 통해 사회적 기업에 대한 청소년의 인식을 높이고, 사회적 기업이 생산하는 제품과 서비스에 대한 인식을 평가함으로써 향후 청소년의 사회적 기업 참여를 활성화시킬 수 있는 방안을 마련하는 데 필요한 기초 자료를 제공하는 데 그 목적이 있다.

과제 연구 목차

과제 연구 제목	고등학생의 수면 양상과 수면 부족의 원인 분석 -△△고 백○○
과제 연구 목적	본 연구에서는 고등학생의 수면 양상과 수면 부족 원인 분석을 목적으로, 학생들에게는 자신의 수면 상태를 파악하고 수면 부족의 원인을 스스로 알고 고칠 수 있는 계기를 마련해 주고 교육 운영 측면에서는 고등학생들의 수면 부족 원인을 알고 해결할 수 있는 방안을 마련할 수 있도록 기초 자료를 제공하고자 한다.

과제 연구 제목	OECD 행복 지수를 기반으로 연구한 청소년의 행복을 고려한 교육 -△△고 김○○
과제 연구 목적	본 연구의 목적은 학벌주의, 경쟁 구도와 같은 우리나라의 교육 환경의 등장 배경과 청소년 행복을 저해하는 원인을 알아보고 행복 지수와 학업 성취도가 둘 다 높은 국가의 교육과 비교하여 청소년의 행복을 고려한 교육을 연구하고자 한다.

과제 연구 제목	폭염이 건강에 미치는 영향과 국내외 정책을 통한 개선 방안 연구 -△△고 임○○
과제 연구 목적	본 연구는 폭염이 건강에 미치는 영향과 국내외 정책을 살펴보고 그것을 통한 폭염 건강 관련 개선 방안을 제시하고자 한다.

과제 연구 목차

I. 서론
II. 본론
 1. 이론적 배경
 1.1 폭염의 개념과 원인
 1.2 폭염의 현황
 2. 폭염의 건강 영향 분석
 2.1 폭염에 대한 인체 반응
 2.2 폭염에 위험한 개인별 특성
 2.3 폭염으로 인한 기존 질환의 악화

 2.4 폭염에 의한 국내 온열 질환자 현황과 특징
 3. 국내외 폭염 건강 관련 정책
 3.1 국내 폭염 건강 관련 정책
 3.2 국외 폭염 건강 관련 정책
 4. 국내외 정책을 통한 폭염에 따른 건강 관련 개선 방안
III. 결론
IV. 참고 문헌

과제 연구 제목	인공 지능의 양면성 고찰 연구 -△△고 조○○
과제 연구 목적	본 연구는 선행 연구와 언론, 여론을 분석 및 참고하여 최근 대두되어지는 인공 지능의 양면성을 집중적으로 연구하려 한다. 또한 인공 지능에 관한 다양한 평가들을 긍정적, 부정적 측면으로 나누어 분석하고 인공 지능을 올바르게 발전시켜 나갈 방안을 제시할 것이다. 특히 긍정적 평가와 부정적 평가가 공존하며 논쟁되어지는 측면은 양쪽의 주장 및 근거를 비교 분석하여 나타낼 것이다. 이를 통하여 본 연구는 궁극적으로 아직까지 미지의 영역으로 여겨지는 이 분야를 다방면에 적용시키고 효과적으로 활용하며 인류의 기술을 향상시키는 수단으로 이용할 수 있도록 발전시키기 위한 방안을 제시하는 것에 목적이 있다.

과제 연구 목차

I. 서론
II. 본론
 1. 인공 지능의 이론적 배경
 1.1 인공 지능의 정의
 1.2 인공 지능의 종류 및 특성
 1.3 인공 지능의 발달 과정
 2. 인공 지능의 응용 사례
 2.1 기술 분야
 2.2 응용 사례
 3. 인공 지능의 양면성 고찰

 3.1 긍정적 측면
 3.2 부정적 측면
 3.3 상반되는 시각
 4. 인공 지능의 올바른 발전을 위한 방안
 4.1 긍정적 측면의 강화 방안
 4.2 부정적 측면의 대응 방안
 4.3 인공 지능의 올바른 발전을 위한 개인의 태도
III. 결론
IV. 참고 문헌

과제 연구 제목	언어의 주술성과 플라시보의 접목 효과 : 긍정 심리 치료를 중심으로 −△△고 연○○
과제 연구 목적	본 연구는 언어의 주술성과 플라시보 효과에 대해 정의하고, 언어의 주술성과 플라시보 효과의 장점을 결합시켜 얻을 수 있는 효과를 알아보고, 더 나아가 그 효과를 긍정 심리 치료에 적용하는 방법까지 알아보고자 한다.

과제 연구 목차

■ 핵심 학술정보원

한국감성과학회, 한국산업융합학회, 한국문화융합학회, 한국과학예술포럼, 한국콘텐츠학회, 한국방송학회, 디자인융복합학회, 한국문화경제학회, 한국커뮤니케이션학회, 한일민족문제학회 등

도서명	저자	출판사
담론	신영복	돌베개
대담	도정일, 최재천	휴머니스트
미래 인문학 트렌드	김시천 외	아날로그
미학 오디세이	진중권	휴머니스트
사피엔스	유발 하라리	김영사
소유냐 존재냐	에리히 프롬	까치
융합 인문학	최재목 외	이학사
통섭	에드워드 윌슨	사이언스북스
통섭을 넘어서	이남인	서울대학교출판문화원
총, 균, 쇠	재레드 다이아몬드	문학사상사

핵심 키워드 정리하기

▶ 진로 분야를 탐색하면서 발견한 핵심 키워드를 뇌 구조에 정리해 봅시다.

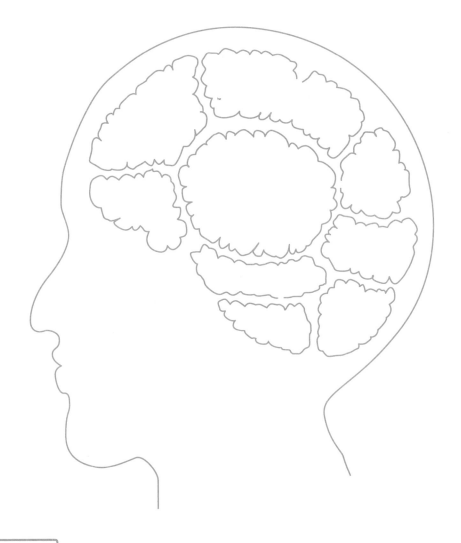

√ RE-CHECK

핵심 키워드의 중요도를 고려하여 기록해 보세요!

핵심 키워드 확장하기

❶ 우선 핵심 키워드를 제일 가운데에 적습니다.

❷ 그 키워드와 관련하여 생각나는 모든 것, 즉 핵심 키워드와 연관된 것을 가지를 쳐서 적습니다.

❸ 그룹으로 묶거나 가지치기를 한 번 더 하면서 마인드맵을 완성합니다.

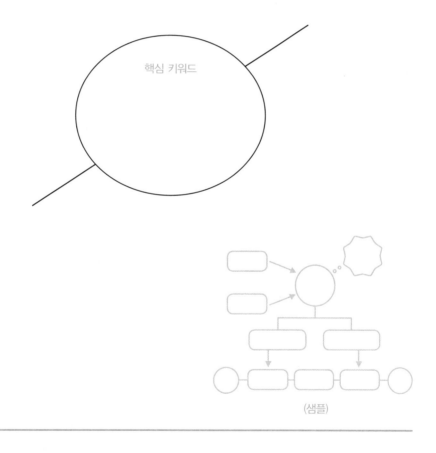

(샘플)

✓ RE-CHECK

마인드맵을 작성하며 핵심 키워드에 대해 잘 모르는 부분을 함께 메모해 보세요!

친구들의 이야기

☺ 주제를 정할 때는 항상 생각했던 바가 있었기 때문에 큰 어려움이 없었다. 내가 관심 있던 분야는 국제경영이었다. 이 주제를 일상 속에서 쉽게 접할 수 있는 무언가와 연결하려다 보니 나이키 같은 다국적 기업이 생각났고, 곧바로 '광고 마케팅'이라는 키워드가 떠올랐다. 다국적 기업과 광고를 연계하여 주제를 정했지만 경영을 전공하려는 학생으로서 너무 흔한 주제가 아닐까 하여 걱정이 되었다. 예상대로 선행된 연구가 많은 편이어서 연구는 수월했지만 조금 불안하기도 했다. 그래서 오히려 나만의 가설과 결론을 만들어 열심히 작성하려고 노력했다.

☺ 처음 주제를 정하면서 나에게 떠오른 고민은 '내가 정말 흥미 있게 잘 써 낼 수 있을 만한 분야가 무엇일까?'였다. 아무리 머릿속으로 생각해 봐도 정리가 되질 않아서 중학생 때 공부하던 교과서와 공책을 둘러보았다. 우연히 사회 공책을 보게 되었는데 내가 중학교 3학년 사회 과목에서 가장 좋아하던 '자원' 단원에서 고갈되어 가는 화석 연료를 대체할 자원, 메탄 하이드레이트에 관한 필기를 보게 되었고, 내가 과제 연구를 잘 써 낼 수 있는 주제가 바로 이것이라고 생각해 메탄 하이드레이트에 얽힌 독도 영유권 분쟁 문제에 대해 과제 연구를 하게 되었다.

☺ 연구 문제를 정하게 된 가장 큰 계기는 나의 진로와 관련이 있는 주제였기 때문이다. 화학이나 생물 쪽으로 진로를 희망하고 있는 나에게 이 연구 문제는 진로와도 관련성이 있고 또한 재밌게 느껴졌다. 연구 문제의 초점은 청소년에게 맞춰져 있는데, 이는 내 상황과 일치해 가장 많이 공감되는 것이었기 때문이다.

☺ 내 꿈은 국제공무원이고 항상 난민에 대한 관심이 있었다. 최근 제주도 예멘 난민 사태로 인해 우리나라의 난민 정책에 뭐가 있는지 관심이 갔고 더 나아가 우리와 가장 가까이 있는 난민인 '북한 이탈 주민'에 관심이 생겼다. 나와 비슷한 나이인 북한 이탈 청소년들을 우리나라에서는 어떻게 지원하고, 어떤 한계점이 있는지 알고 싶었다.

⋯⋯

☺ 꿈이 '미술 치료사'인 나는 미술 치료에 관한 선행 논문을 찾아보던 중 나도 이 주제에 대하여 과제 연구를 하면 좋겠다는 생각을 하였다. 미술 치료에도 여러 가지 종류가 있고, 어떤 사람을 중심으로 치료하였는지 다양한 연구가 있었지만 그중 요즘 이슈인 학교 폭력과 연관시켜 이 연구 문제에 호기심을 가지게 되었다. 한 번도 해보지 못한 것을 경험한 것이 가장 흥미로웠다. 처음에는 어떻게 시작해야 할지 막막했지만 책도 참고하고 선생님의 조언에 따라 차근차근 하다 보니 조금씩 틀이 맞춰진 것 같다. 끈기를 가지고 내 꿈에 관련된 자료를 찾아보면서 '미술 치료'에 관한 나의 진로를 더 단단히 굳힐 수 있었다.

⋯⋯

☺ '구립산림과학원 산림복지과 연구원'이라는 나의 진로가 있기 때문에 평소에 숲, 식물과 같은 자연에 대해 많은 관심이 있었다. 처음엔 항암 작용과 항산화 작용을 하는 여러 식물 화학 물질을 주제로 선정하였는데, 시간과 비용 문제, 그리고 학생이라는 신분으로 실험이 어려워 주제를 바꿔야 했다. 그래서 '산림 치유 프로그램 문제 분석 및 개선 방안'이라는 주제로 바꾸게 되었고, 나의 진로와 연관된 연구 주제에 누구보다도 많은 관심을 가질 수 있었다.

⋯⋯

😊 고등학교에 와서 진로에 대한 고민을 많이 하게 되었는데 내 미래를 좌우하는 일이라 함부로 선택하기 힘들었다. 그때 학교나 나라에서 실시하는 진로 교육이 어떻게 실시되는지, 또 실제 고등학생인 내가 진로에 대해서 고민할 때 많은 도움을 받지 못한 것 같아서 우리나라의 진로 교육 현황을 알아보게 되었고, 해외 진로 교육 사례들도 찾아보게 되었다. 미래의 고등학생이 진로에 대해 고민할 때 고민이 해결될 수 있도록 도움을 주고 싶다는 생각이 들어서 이 연구 문제에 호기심을 가지게 되었다.

😊 직접 과제 연구를 하는 것이 처음이어서 낯설고 시행착오도 많이 겪어서 힘겨울 때가 있었다. 특히 맨 처음 연구 문제를 정하는 것이 힘들었다. 그래서 소논문 워크북에 있는 대로 내가 흥미 있어 하는 분야에 대해 단계적으로 생각해 보는 과정을 거쳐 보았는데 이 과정이 지금의 내 연구 주제를 정하는 데 도움이 되었다. 내가 관심 있는 분야를 정리하여 내 자신에 대해서도 더 알아볼 수 있었다.

😊 다른 친구들에 비해 주제를 정하는 것부터 어려움을 겪었었다. 어떤 주제로 연구해야 할까 스스로에게 질문을 던졌을 때 있어 보이고 남에게 보여 주는 과제 연구가 아닌 내가 정말 관심 있는 분야를 연구해야겠다고 생각했다. 주제를 정하는 과정에서 나의 관심사들을 정리해 보았고 이러한 과정들을 통해 내가 진짜 흥미를 가지는 분야가 무엇인지, 나를 되돌아보는 시간이 되기도 하였다.

😊 주제를 구상하는 첫 단계에 가장 많은 시간과 고민을 쏟으며 시작의 중요성에 대해 많이 생각했다. 빨리 주제를 정해서 개요를 짜고 본론을 시작해야지 기간에 맞추어 과제 연구를 완성할 수 있을 것이라는 생각에 조급한 마음이 들기도 했지만, 주제를 잘 정하고 차분히 시작을 해야 중간 과정에서 편하고 즐겁게 글을 쓸 수 있을 것 같아 최대한 나의 관심사에 맞는 주제를 선택하려 노력했다.

....

😊 친구들의 연구 문제가 대부분 평상시 들어 봤던 주제를 다룰 것이라고 생각했다. 하지만 생각과는 다르게 다양한 분야와 들어 보지도 못했던 흥미로운 내용을 다루는 친구들이 많았다. 내가 이 자동차 분야에 관심이 있는 것처럼 각자 관심 있는 분야가 있고 다양한 주제를 다루고 있다는 것을 새삼 깨닫게 되었다. 내 관심 분야만 보다가 친구들이 연구할 새롭고 다양한 분야들을 보니 신선했고 내 시야가 더 넓어지는 것 같았다.

2부

선행 연구로
과제 연구를
준비해 볼까?

\01/
왜 선행 연구에 주목해야 할까?

과제 연구는 자신의 진로나 관심 분야에서 연구 문제를 정한 후 다양한 선행 연구를 읽고 해석하여 이를 근거로 자신의 관점과 주장을 펼치는 일련의 연구 과정이라 할 수 있습니다. 단순히 책이나 인터넷 자료를 요약, 정리하는 수준이 아니라 문제의 원인을 분석하고 이를 해결하기 위한 방안을 모색해야 합니다. 이를 위해서 관련 있는 선행 연구를 찾아 읽고 분석해야 합니다. 그래야 좋은 아이디어를 얻을 수 있고, 여러분만의 연구 문제와 관점을 명확히 할 수 있습니다. 2부에서는 어떻게 선행 연구를 효율적으로 찾을 수 있는지, 그리고 선행 연구를 읽고 분석하는 과정에서 유의해야 할 점은 무엇인지 함께 살펴보도록 하겠습니다.

과제 연구를 해결하기 위해서는 기존 선행 연구를 읽고 분석하여 활용해야 합니다. 그렇다면 선행 연구에 주목해야 하는 이유는 무엇일까요?

첫째, 최근까지의 연구 동향과 전망을 이해할 수 있고, 둘째, 추상적인 연구 문제를 구체화할 수 있으며, 셋째, 발생할 수 있는 시행착오를 제거할 수 있습니다.

선행 연구를 읽는다는 것은 선행 연구자와 대면하는 것과 같습니다. 내가 관심 있는 이 문제를 먼저 관심을 갖고 해결한 선행 연구자를 만난다는 것, 생각만으로도 설렙니다. 선행 연구자에게 뭘 물어보고 싶을지 상상해 보세요. 머릿속에 떠오른 핵심 키워드로 어떻게 주제를 만들까? 그 주제에 대한 연구 동향은 어떨까? 이 주제를 어떻게 연구 문제로 만들고 어떻게 자료를 수집해야 할까? 여러 질문들이 떠오를 겁니다. 그러면 선행 연구를 통해 우리가 확인하고 준비해야 할 것은 무엇인지 함께 알아보겠습니다.

> STEP 1   핵심 키워드로 선행 연구를 탐색하여 주제 선정하기
> STEP 2   선행 연구를 공부하며 배경지식 쌓기
> STEP 3   선행 연구를 찾아보며 연구 목적 세우기

\ step 1 / 핵심 키워드로 선행 연구를 탐색하여 주제 선정하기

과제 연구 작업에서 가장 먼저 할 일은 주제 선정을 위한 선행 연구 탐색입니다. 연구 주제와 관련된 선행 연구를 사전에 탐색하는 이유는 그 분야에서 어떤 연구가 진행되어 왔는지 미리 파악해 볼 필요가 있기 때문입니다. 이 과정을 거치면 기존 선행 연구와 차별화된 새로운 연구 주제를 발견할 수 있으며, 연구 주제에 대한 구체적인 내용도 이해할 수 있습니다.

먼저 국회도서관이나 다양한 학술 자료 검색 사이트에 가서 핵심 키워드를 넣고 검색해 보세요. 그 핵심 키워드를 포함하고 있는 자료들이 검색될 겁니다. 선행 연구의 제목만 가볍게 살펴보아도 연구 주제의 방향을 잡는 데 큰 도움을 얻을 수 있습니다. 또한 과제 연구의 주제는 활용할 수 있는 선행 연구가 많은 것이 좋습니다. 참고할 만한 선행 연구가 빈약하면 연구하기가 어렵기 때문이지요. 따라서 선행 연구를 탐색해 가며 연구 주제와 관련된 자료를 얼마나 확보할 수 있는지도 미리 검토해야 합니다.

핵심 키워드로 선행 연구를 탐색하여 주제 정하기

▶ 1단원에서 정리한 핵심 키워드로 연구 주제를 선정해 봅시다. 논문을 검색할 수 있는 아래의 사이트에 방문해 핵심 키워드로 선행 연구를 탐색하며 주제를 정해 봅시다.

❶ 국가전자도서관(www.dlibrary.go.kr) 에 방문하기
❷ 핵심 키워드로 선행 연구(논문)를 검색하기
❸ 인상 깊은 선행 연구(논문)의 '제목'을 살펴보면서 핵심 키워드를 확장하며 주제를 정하기

	(핵심 키워드)	

◖✓ RE-CHECK▷────────────────────────

핵심 키워드를 먼저 작성하고 탐색한 선행 연구를 보며 핵심 키워드의 동의어, 유의어, 반의어를 기록하거나 상위 개념, 하위 개념에 연계할 수 있는 키워드를 빈칸에 기록해 보세요!

● 　국가전자도서관(http://dlibrary.go.kr)은 국립중앙도서관, 국회도서관, 법원도서관, 한국과학기술원 과학도서관, 한국과학기술정보연구원, 한국교육학술정보원, 농촌진흥청 농업과학도서관, 국방전자도서관 등 8개 참여 기관의 디지털화된 소장 목록 및 원문 정보를 통합 검색할 수 있는 시스템입니다. 그야말로 국가 대표 도서관이 연합한 만큼 최대 규모의 전자 도서관이라 할 수 있습니다. 국가전자도서관은 국가 정보 자원의 공유 체제를 확대 발전시켜 연구자들은 물론 일반 국민들에게까지 온라인으로 필요한 정보를 제공합니다. 21세기 지식 정보 사회에서 국가 경쟁력을 강화하고자 개발된 시스템입니다.

① 학술연구정보서비스(www.riss.kr)에 방문하기
② 핵심 키워드로 선행 연구(논문)를 검색하기
③ 인상 깊은 선행 연구(논문)의 '제목'을 살펴보면서 핵심 키워드를 확장하며 주제를 정하기

	(핵심 키워드)	

✓ RE-CHECK

핵심 키워드를 먼저 작성하고 탐색한 선행 연구를 보며 핵심 키워드의 동의어, 유의어, 반의어를 기록하거나 상위 개념, 하위 개념에 연계할 수 있는 키워드를 빈칸에 기록해 보세요!

● 고등학생인 여러분이 대학교에 진학하면 많이 이용하게 되는 것이 바로 한국교육학술정보원(KERIS)에서 제공하는 RISS(http://www.riss.kr)입니다. 간단히 표현하면 '대학 도서관 공동 목록 시스템'이라고 보면 됩니다. RISS는 1998년부터 제공하는 학술 연구 정보 서비스로서 전국 대학 도서관 및 주요 도서관의 소장 자료, 학위 논문 등의 일부 원문을 검색할 수 있는 종합 목록 데이터베이스입니다. 특정 자료의 소장처를 보여 주기 때문에 어느 도서관에서 소장하고 있는지 알 수 있습니다. 또한 도서관 종합 목록을 제공하면서 연속 간행물 목록, 학위 논문 목록, 학술 잡지 기사 색인 및 원문 서비스까지 제공하는 다목적 정보 시스템으로 볼 수 있습니다.

① DBpia(www.dbpia.co.kr)에 방문하기
② 핵심 키워드로 선행 연구(논문)를 검색하기
③ 인상 깊은 선행 연구(논문)의 '제목'을 살펴보면서 핵심 키워드를 확장하며 주제를 정하기

	(핵심 키워드)	

✔ RE-CHECK

핵심 키워드를 먼저 작성하고 탐색한 선행 연구를 보며 핵심 키워드의 동의어, 유의어, 반의어를 기록하거나 상위 개념, 하위 개념에 연계할 수 있는 키워드를 빈칸에 기록해 보세요!

● '분야별 전문 콘텐츠 서비스'의 웹 데이터베이스는 대학과 연구소와 같은 전문 학술 기관에서 구독을 하는 서비스입니다. 하지만 학교 도서관의 소논문 쓰기에 적극 활용되는 웹 데이터베이스로는 누리미디어의 DBpia가 있습니다. DBpia(http://www.dbpia.co.kr)는 (주)누리미디어가 제공하는 학술 정보 데이터베이스 서비스입니다. 2000년 5월 서비스를 시작한 이래 2014년 1월 기준으로 9개의 학문 분야의 총 3,212종의 간행물 및 2,566,405편의 논문을 제공하고 있습니다. 또한 약 1,000여 개의 학회와 연구 기관, 출판사 등에서 발행되는 간행물들을 창간호부터 최신호까지 디지털 형태로 제공하고 있습니다. 논문 수와 자료 이용률 1위인 DBpia는 국내 학술 논문을 이용하고자 할 때 매우 유용한 데이터베이스입니다. 도서관 및 기업체 등에 기관 서비스를 제공하고 기관 회원은 통상 1년간의 계약 기간 동안 자유롭게 이용할 수 있습니다.

\ step 2 / 선행 연구를 공부하며 배경지식 쌓기

연구 주제의 윤곽을 뚜렷하게 하기 위해서는 이 분야에 대한 배경지식을 쌓아야 합니다. 아무리 자신의 진로가 뚜렷하고 관심 분야가 명확하다 할지라도 관련 분야에 대한 지식이 부족할 수밖에 없습니다. 연구 주제와 관련된 모든 책을 다 볼 수는 없지만 기본 지식이 부족한 상태에서는 최소한 관련성 높은 선행 연구라도 먼저 찾아서 읽어야 합니다.

선행 연구를 탐색하면서 연구 주제와 관련성이 높은 자료 위주로 선별해 가는 것도 중요합니다. 이 선별 과정을 통해 연구 진행에 참고할 만한 핵심 자료인지 판단할 수 있습니다. 기존 선행 연구 중 관련성이 높은 자료일수록 이론적, 역사적 배경지식을 쌓는 데 도움이 되며, 연구에 인용할 수 있는 부분도 많아지게 됩니다. 이러한 내용들은 논리적인 근거로 활용할 수 있는 이론적 기틀이 되므로 연구 진행에도 큰 도움을 줄 수 있을 것입니다.

선행 연구를 공부하며 배경지식 쌓기

❶ 논문의 원문을 검색할 수 있는 국가전자도서관(www.dlibrary.go.kr), 학술연구정보서비스(www.riss.kr), DBpia(www.dbpia.co.kr)를 방문하기

❷ 검색한 논문 중 내가 연구하려는 주제를 이해하는 데 도움을 주는 선행 연구를 선정하여 저장하거나 출력하기

내가 찾은 선행 연구 논문의 제목	연구자명

❸ 선행 연구를 읽으며 핵심 키워드의 정의와 특징 등을 정리하기

(핵심 키워드 1)	정의	
	특징	
(핵심 키워드 2)	정의	
	특징	

✓ RE-CHECK

인터넷이나 사전에서 정의를 찾지 말고 선행 연구 논문에서 핵심 키워드의 정의와 특징을 찾아보세요! 이론적 배경이 잘 정리되어 있는 논문은 학위 논문입니다. 박사 학위, 석사 학위 논문을 살펴보면 배경지식을 충분히 공부할 수 있습니다.

선행 연구를 찾아보며 연구 목적 세우기

연구 주제를 선정하고 관련 배경지식을 쌓으려는 노력과 함께 연구의 목적을 구체화하는데도 선행 연구 탐색 과정은 매우 중요합니다. 관련 분야의 연구 동향을 파악해 가면서 여러분만의 필요한 연구 목적을 발견할 수 있습니다. 또한 선행 연구를 탐색하다 보면 유사한 연구 목적을 어떻게 다루고 있는지도 볼 수 있습니다. 이는 연구 설계에 도움이 되므로, 관련 있는 선행 연구의 목차와 함께 연구 목적이 제시되는 '서론의 말미'를 중심으로 내용을 살펴보면 좋습니다. 특히 선행 연구의 연구 목적은 '서론의 마지막 문단("본 연구는 ~하고자 한다.")'에 제시되어 있습니다.

과제 연구 제목	서울 브랜딩의 실태 및 리브랜딩 방안 -△△고 임○○
과제 연구 목적	본 연구는 현재 진행되고 있는 서울 브랜딩의 문제점을 분석하고, 국외 도시의 성공 사례를 바탕으로 개선되어야 할 점을 제시하고자 한다.

과제 연구 목차

I. 서론
II. 본론
 1. 브랜드 마케팅의 개념
  1.1. 브랜드의 개념
  1.2. 브랜드 마케팅의 개념
 2. 리브랜딩 마케팅의 정의
  2.1. 리브랜딩의 정의
  2.2. 리브랜딩 마케팅의 목적
  2.3. 리브랜딩 마케팅의 영역
 3. 리브랜딩 마케팅의 성공 요인 분석
	4. 도시 브랜딩의 개념 및 필요성
	 5. 서울의 브랜딩 현황 분석
	  5.1. 서울 브랜딩의 목적
	  5.2. 서울 브랜딩의 변화
	 6. 서울 브랜드 마케팅의 문제점
	 7. 해외 도시 브랜드 마케팅의 우수 사례
	 8. 서울 리브랜딩의 효과적인 방안
	III. 결론
	IV. 참고 문헌

위 예시는 한 학생이 작성한 과제 연구에서 연구 목적과 목차를 발췌한 것입니다. 이 학생의 경우도 관심 키워드인 마케팅에서 출발하여 리브랜딩이라는 구체화된 연구 주제

와 목적을 발견하기까지 수많은 선행 연구를 찾아 분석하였습니다. 이렇게 연구 주제를 명료화하고 연구 목적을 확실히 하기까지 선행 연구는 중요한 길잡이가 되어 줍니다. 머릿속에서만 맴도는 연구 목적이 막연하고 어려울 때는 선행 연구에 정답이 있습니다. 내가 진행하려는 연구의 목적을 선행 연구자는 어떻게 진행해 갔는지 살펴봅시다. 지금까지 내가 무엇을 연구할지에 대해 충분히 고민했다면 이제는 내가 제기한 문제를 해결하기 위한 작전을 구상하기 시작하는 단계입니다.

선행 연구를 찾아보며 연구 목적 세우기

❶ 논문의 원문을 검색할 수 있는 국가전자도서관(www.dlibrary.go.kr), 학술연구정보서비스(www.riss.kr), DBpia(www.dbpia.co.kr)를 방문하기

❷ 검색한 논문 중 내가 연구하려는 연구의 목적을 구체화하는 데 도움을 주는 선행 연구를 선정하여 저장하거나 출력하기

❸ 선행 연구 논문을 읽으며 서론 마지막에 제시된 연구 목적과 연구 목차 정리하기

내가 찾은 논문 제목과 연구자명	
연구 목적 (서론의 마지막 문단)	

연구 목차

I. 서론 II. 본론	
	III. 결론 IV. 참고 문헌

내가 찾은 논문 제목과 연구자명	
연구 목적	

연구 목차

I. 서론
II. 본론

III. 결론
IV. 참고 문헌

√ RE-CHECK

연구 목적은 선행 연구 논문의 서론 마지막 문단에 "본 연구는 ~하고자 한다."라고 기록되어 있습니다. 연구 목차는 자세하게 쓸수록 좋습니다. 선행 연구에서는 연구 목차를 어떻게 작성하였는지 하위 목차까지 꼼꼼히 살펴보세요!

\ 02 /
선행 연구는 어떻게 찾을까?

선행 연구는 주로 관련 분야의 책, 학술지에 게재된 논문, 학위 논문 등을 통해 탐색이 이루어집니다. 앞서 살펴본 바와 같이 선행 연구를 탐색하는 것은 연구 주제의 독창성 여부를 확인시켜 줄 뿐 아니라, 새로운 아이디어의 창출은 물론이고 연구 결과의 객관적인 분석을 위해서도 꼭 필요합니다.

선행 연구는 목표한 논지를 제대로 설명해 나갈 수 있게 논리적이고 체계적으로 분류, 배열하지 않으면 효율성이 떨어지게 됩니다. 자료의 나열이나 마구잡이식 인용 등으로는 과제 연구의 질을 높일 수 없고 결과적으로 학문 발전에 기여할 수 없습니다. 따라서 수많은 정보 중에 자신의 연구 주제와 적합한 자료를 효율적으로 찾는 능력을 갖추는 것은 매우 중요합니다.

STEP 1   정보 검색 방법 익히기
STEP 2   주요 핵심 정보원 확인하기

정보 검색 방법 익히기

과제 연구를 할 때 주제 선정 다음으로 자료의 수집, 해석, 평가, 정리 과정이 쓰기 단계보다 훨씬 더 까다롭고 힘들 수도 있습니다. 그래서 여러분이 좀 더 쉽게 선행 연구를 찾을 수 있도록 몇 가지 정보 검색 관련 팁을 안내하고자 합니다.

📋 TIP BOX

과제 연구에서 정보 검색 방법

- 먼저 연구 주제와 관련된 몇 가지 학술 자료를 읽고 수행하고자 하는 연구의 방향과 범위에 대한 기본적인 아이디어를 만든 다음, 관련된 각종 논문을 자세히 읽어 나가면서 연구 방법을 개발해 나가는 것이 좋아요. 또한 선행 연구를 탐색하는 초기 단계에서는 특정한 논문을 찾기보다는 자신이 관심 있는 주제에 대하여 어떤 연구들이 출판되었는지 검색을 해보세요.

- 때때로 주제어를 통해 논문을 검색했을 때, 검색되는 논문이 없거나 검색은 되지만 한두 편에 그치는 경우도 있어요. 이는 그 주제에 대해서 연구가 거의 이루어지지 않아서일 수도 있지만, 기존 연구에서 유사한 다른 용어를 주요어로 설정해 놓았기 때문일 수도 있어요. 따라서 검색 결과가 너무 적을 때에는 유사한 다른 변인을 주제어로 넣어 검색 작업을 반복해 보세요.

- 연구 주제를 토대로 세부 목차를 잡고 각 항목별로 필요한 정보가 무엇인지 제대로 파악해 두고 자료 조사를 해야 해요. 자료 조사를 통해 어느 정도 목록이 작성되면 자료의 일차적인 분석을 위해 독서를 시작하게 돼요. 이때는 기본적인 서적부터 읽고 연구 주제에 대한 기초 지식을 닦은 후에 더욱 전문적인 서적을 읽는 것이 바람직해요. 자료의 일차적 분석의 기본 목적은 논문의 내용에 어떤 점들을 포함시킬 것인지 결정하는 것이에요.

- 주요 정보원에 대해 미리 파악해야 해요. 사전에 필요한 자료의 소장 여부를 검색을 통해 확인해야 해요. 우리 주변에는 학교 도서관, 대학 도서관, 공공 도서관, 국립중앙도서관, 국회도서관 등 여러 종류의 도서관이 있어요. 그러나 모든 도서관에서 원하는 자료를 소장하고 있지는 않아요. 따라서 미리 필요한 자료의 소장 여부와 서가 위치를 검색한 후 가는 것이 좋아요.

- 연구에 적합한 자료인지 잘 판단한 후 수집해야 해요. 자료의 적합성 여부를 판단하기 위해서는 자료의 목차 및 색인까지 꼼꼼하게 검토해 보는 습관이 필요해요. 또한 자료의 최신성 여부, 저자의 저명도, 발행 기관의 인지도, 논문의 인용 횟수 등은 신뢰할 만한 적합한 자료인지를 판단하는 중요 기준이 될 수 있어요.

- 자연과학은 급속도로 발전하는 분야이기 때문에 연구를 계획하는 단계에서만 문헌 조사를 할 것이 아니라 연구 수행 중이거나 연구가 완료된 후 논문 집필이 끝날 때까지 새로운 참고 문헌들을 계속 조사하여, 새로운 연구 방법과 연구 결과를 자신의 연구 내용과 분석 과정에 참고할 필요가 있어요. 최신 자료를 중심으로 리뷰하는 것을 추천하는데요, 최신 정보를 빨리 얻어 내는 한 방법으로 연구 보고서나 연구 논문을 수시로 읽으면, 해당 분야의 새로운 지식과 정보를 얻는 것은 물론, 일반적인 연구 동향도 파악할 수 있어요.

- 주제에 관련된 참고 문헌 중 최근의 것을 몇 권 골라서 책 맨 뒷부분의 참고 목록을 참고하는 것도 좋은 방법이에요. 이 분야의 전문가가 필요한 서적과 논문들의 목록을 작성한 것이므로 좋은 자료가 될 수 있지요. 논문을 읽는 중에 특정 연구 결과나 검사 도구에 관심이 있다면, 그 논문에서 인용하고 있는 원 자료를 직접 찾아 확인하는 과정이 필요한 경우가 있어요. 이런 경우에는 논문의 참고 문헌을 이용해 원 자료를 확인하고, 원 자료의 본문을 직접 읽어 보는 방식으로 선행 연구 탐색을 확장해 가세요.

\ step 2 / 주요 핵심 정보원 확인하기

연구 주제를 정한 다음 선행 연구들은 어디서 찾을 수 있을까요? 가장 일반적으로 사용하는 핵심 정보원은 국가전자도서관, 국회도서관, DBpia, 구글 학술 검색, 네이버 학술정보, KINDS, 국가통계포털 등입니다. 일부 학술 논문들은 그 학술지를 발행하는 학회의 웹사이트에 무료로 공개되어 있기도 합니다. 또 인터넷을 통하여 여러 연구 기관이나 학술 단체에 접속하면 각종 연구 보고서, 학술 논문에 관한 정보를 얻을 수 있습니다.

자료 수집에 필요한 핵심 정보원 방문하기

▶ 아래에 제시된 핵심 정보원을 보고 연구에 필요한 핵심 정보원을 표시해 봅시다.

	기관명	웹사이트 주소	★
도서관	국립중앙도서관	www.nl.go.kr/nl	
	국회전자도서관	dl.nanet.go.kr	
	국가전자도서관	www.dlibrary.go.kr	
	KOLIS·Net(국가자료종합목록)	www.nl.go.kr/kolisnet	
논문 검색	디비피아	www.dbpia.co.kr	
	RISS(학술연구정보서비스)	www.riss.kr	
	한국학술지인용색인	www.kci.go.kr	
	한국학술정보(주)	kiss.kstudy.com	
	네이버 학술정보	academic.naver.com	
	Google 학술검색	scholar.google.co.kr	
통계	국가통계포털	kosis.kr	
	통계지리정보서비스	sgis.kostat.go.kr	
	worldometers(실시간 세계 통계)	www.worldometers.info/kr	
법	국가법령정보센터	www.law.go.kr	
	국회정보시스템	likms.assembly.go.kr	
	한국법제연구원	www.klri.re.kr	
언론	bigkinds(뉴스빅데이터 분석)	www.bigkinds.or.kr	
	한국언론진흥재단	www.kpf.or.kr	
	네이버 뉴스 라이브러리	newslibrary.naver.com	
	대한민국 전자관보	gwanbo.mois.go.kr/main.do	
인문사회	온나라 정책연구 프리즘	www.prism.go.kr	
	기초학문자료센터	www.krm.or.kr	
	국가정책연구포털	www.nkis.re.kr	
	대외경제정책연구원	www.kiep.go.kr	

	기관명	웹사이트 주소	★
인문사회	대외경제정책연구원	www.kiep.go.kr	
	삼성경제연구소	www.seri.org	
	한국전통지식포탈	www.koreantk.com	
	한국역사정보통합시스템	www.koreanhistory.or.kr	
	국가문화유산포털	www.heritage.go.kr	
	국가기록원	www.archives.go.kr	
	한국사데이터베이스	db.history.go.kr	
	조선왕조실록	sillok.history.go.kr	
	유네스코한국위원회	www.unesco.or.kr	
	한국여성정책연구원	www.kwdi.re.kr	
	한국행정연구원	www.kipa.re.kr	
교육	국가교육과정정보센터	ncic.go.kr	
	교육통계서비스	kess.kedi.re.kr	
	교수학습개발센터	www.classroom.re.kr	
	대학알리미	www.academyinfo.go.kr	
	학교알리미	www.schoolinfo.go.kr	
	학교안전정보센터	schoolsafe.kr	
	통일교육	tongil.moe.go.kr	
	다문화교육포털	www.nime.or.kr	
예술	문화포털	www.culture.go.kr	
	문화셈터	stat.mcst.go.kr	
과학	한국과학기술정보연구원	www.kisti.re.kr	
	국가과학기술정보센터	www.ndsl.kr	
	과학기술학회마을	society.kisti.re.kr	
	사이언스올(과학콘텐츠센터)	www.scienceall.com	
	서울특별시교육청과학전시관	www.ssp.re.kr	
	한화사이언스챌린지	www.sciencechallenge.or.kr	
	한국천문연구원 천문우주지식정보	astro.kasi.re.kr	
	국가환경산업기술정보시스템	www.konetic.or.kr	
	기상청	www.kma.go.kr	

	기관명	웹사이트 주소	★
과학	기상청 기후정보포털	www.climate.go.kr	
	한국전자통신연구원	www.etri.re.kr	
	정보통신정책연구원	www.kisdi.re.kr	
	한국정보화진흥원	www.nia.or.kr	
	산업연구원	www.kiet.re.kr	
	개인정보보호위원회	www.pipc.go.kr	
의학 보건	한국보건사회연구원	www.kihasa.re.kr	
	한국의학논문데이터베이스	kmbase.medric.or.kr	
	의과학연구정보센터	www.medric.or.kr	
	한국임상연구데이터베이스	kct.medric.or.kr	
	한국간호학논문데이터베이스	knbase.medric.or.kr	
	한국치의학논문데이터베이스	kdbase.medric.or.kr	
	치의학연구정보센터	dental.medric.or.kr	
특허	KIPRIS(특허정보넷)	www.kipris.or.kr	
사전	위키백과	ko.wikipedia.org	
	브리태니커 온라인	premium.britannica.co.kr	
	국립국어원 표준국어대사전	stdweb2.korean.go.kr	
저작권	한국저작권위원회	www.copyright.or.kr	
	한국지식재산연구원	www.kiip.re.kr	
표절 검사	카피킬러	www.copykiller.co.kr	
	한국학술지인용색인	www.kci.go.kr	
	연구윤리정보센터	www.cre.or.kr	

√ RE-CHECK

리스트에 없는 핵심 정보원을 발견하면 추가로 기록해 보세요!

친구들의 이야기

😊 가장 보람되었던 경험은 국립중앙도서관에 직접 가서 참고 문헌들을 대출하고, 필사하는 것이었다. 당시 필사보다는 복사를 하면 되었지만 그래도 내 눈으로 먼저 한 번 보고 손으로 써서 머릿속에 바로 입력해 두고 싶어서 중요한 부분만 골라 필사를 했다. 손은 정말 아팠지만 덕분에 연구의 전반적인 내용을 더 깊게 깨칠 수 있었다.

....

😄 자료 조사란 그저 컴퓨터 앞에 앉아 끊임없이 인터넷으로 조사하는 것이라고 생각했지만 직접 자료를 검색해 필요한 도서를 찾아보고 심지어는 인터넷에서는 볼 수 없었던 전문적인 석·박사 논문들까지 볼 수 있다는 것이 놀라웠다.

....

😀 주제를 정한 뒤부터는 그야말로 자료 싸움이었다. 20쪽 남짓하는 과제 연구를 작성하기 위해 필요한 막대한 정보를 어디에서 구할까라는 고민은 국회도서관과 국립중앙도서관 덕분에 쉽게 해결되었다. 처음 국회도서관과 국립중앙도서관을 방문했을 때의 엄숙하고 장엄한 분위기를 잊을 수 없다.

....

😊 가장 힘들었던 부분은 자료 조사였다. 인터넷이나 선행 연구 등을 한참 뒤져 드디어 찾았구나 싶은 내용들을 막상 자세히 검토해 보면 오류가 있거나 과제 연구에서 활용하기에는 적합하지 않은 것들이었다. 그동안 내가 학교 숙제 등을 하며 했던 자료 조사와는 전혀 다른 수준에 스트레스를 받기도 했지만, 결국엔 내가 원하는 자료를 찾아낼 수 있었고 이 과정을 통해 뿌듯함을 느낄 수 있었다.

....

🙂 국회도서관과 국립중앙도서관을 오가며 '나만의' 과제 연구를 위해 관련 있는 선행 연구를 찾아볼 때 한 대표님이 작성한 학술지를 보고 궁금한 점이 생겨서 직접 연락을 드렸다. 귀찮아하지는 않을까 했는데 오히려 기뻐하시고 증강현실에 관한 자료들을 보내 주며 응원해 주었다. 완성도 있는 과제 연구를 위해 대표님의 도움을 받으면서 관련 자료들을 찾아서 읽고 또 읽을 때 마치 내가 이 분야의 전문가가 된 것 같았다. 앞으로 살면서도 절대 잊지 못할 추억이 될 것 같다.

🙂 내가 연구하려는 주제에 대한 선행 연구들을 읽어 볼 수 있어서 신기했다. 나와 비슷한 생각을 한 사람들이 다양한 방법으로 연구를 구체화해 놓은 점이 흥미로웠고 내 연구를 진행하는 데도 많은 도움이 되었다. 또한 이번에 과제 연구를 해보면서 도움이 되는 여러 사이트들을 알게 되어서 좋았다. 논문 사이트 하면 DBpia밖에 몰랐었는데 내 연구 주제와 관련된 선행 연구를 찾다 보니 통일부와 한국교육개발원 등 평소에 쉽게 방문하지 않았던 사이트를 자세히 볼 수 있는 기회가 되어서 뜻깊었다.

🙂 핵심 선행 연구와 내가 하고자 하는 연구의 주제가 너무 비슷해 최대한 표절을 안 하려고 노력했던 것이 가장 기억에 남는다. 다행히 내가 다루는 연구 주제가 최근 화두가 되고 있어 선행 연구도 많았고, 논문 외에도 한국콘텐츠진흥원, 방송통신위원회 등의 사이트나 언론에서도 자료를 찾을 수 있어 기뻤다. 더욱 풍부하고 차별화되는 연구를 완성하기 위해 의도적으로 외국 논문과 넷플릭스 본사 사이트, TED 등의 해외 사이트를 통해 정보를 수집하려는 노력도 했다. 정책적 제고 부분도 고민하다가 넣었는데 자료 수집 과정 중 내가 정책과 법, 방송 규제 사항에 무지하다는

사실을 알게 되어 힘들었으나, 용어를 찾아보며 공부하니 그 정보를 다시 소화하여 나만의 내용으로 작성하는 과정에서 자신감을 얻었다.

⊙ 경영학과 진학을 희망하고 있어 이와 관련된 선행 논문을 조사하였다. 그중 '마케팅'이라는 키워드가 떠올랐고 마케팅 방안 중 '리브랜딩'과 관련된 선행 논문을 찾았다. 선행 논문과의 차별성을 두는 데 시간이 많이 걸렸지만, 대부분의 선행 연구에서는 기업의 리브랜딩 사례를 제시하였다는 것을 알았다. 리브랜딩을 기업에서 많이 진행하고 있지만, 리브랜딩만을 위주로 한 선행 논문을 찾는 것이 어려웠다. RISS와 DBpia를 통해 찾은 선행 연구에서 쓰인 참고 문헌을 추가로 참고했다.

⊙ 과제 연구 작업에 속도가 붙기 시작하니까 내가 진짜 좋아하는 분야에 대해서 조사하고 이를 의미 있게 풀어 내는 과정이 정말 즐거웠다. 내가 고른 주제가 우리나라 내에서는 아직 초기 단계에 머물러 있어 선행 연구가 많이 부족하기 때문에 자료를 조사하는 데 어려움을 겪었지만 각종 문헌, 신문 기사, 외국 논문 등까지 깊이 참고하며 오히려 양질의 과제 연구를 완성할 수 있었던 것 같다.

⊙ 평소 내가 관심 있는 분야더라도 이렇게 직접 논문을 찾아보며 많은 배경지식을 쌓을 수 있는 기회를 갖기 어려운데 이번 기회를 통해 나의 관심 분야에 대한 여러 지식을 습득해 볼 수 있어 좋았다. 그리고 향후에 자기 소개서나 면접에서 이번 연구가 나의 진로에 대한 확신을 주었던 좋은 기회였다고 당당히 말할 수 있을 것 같다.

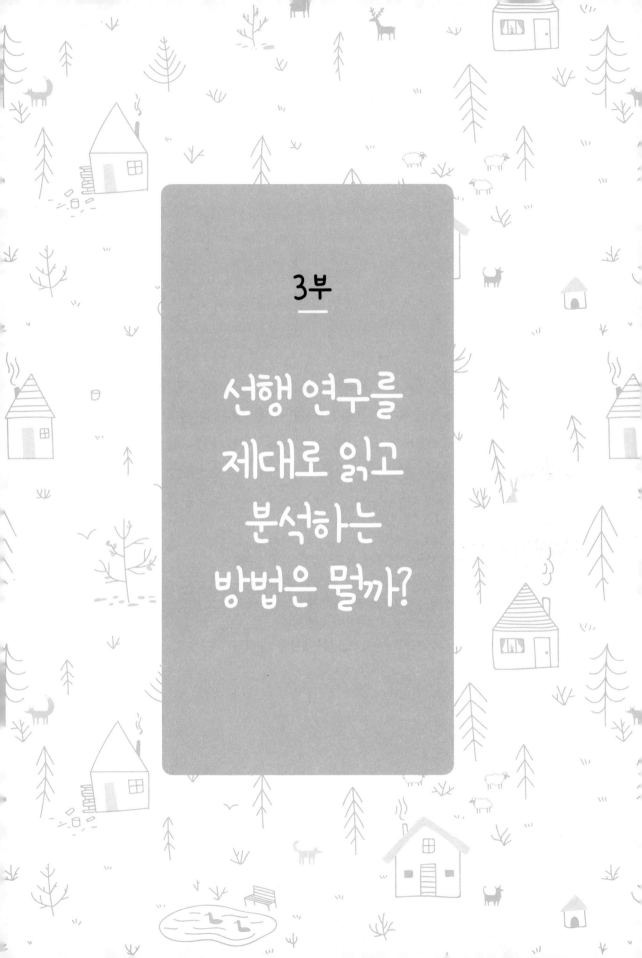

3부

선행 연구를
제대로 읽고
분석하는
방법은 뭘까?

\01/
선행 연구 읽기

이제 여러분은 검색하여 찾은 선행 연구들을 읽고 분석한 후 정리해야 합니다. 선행 연구 정리 과정을 통하여 연구의 경향을 파악할 수 있고, 새로운 연구 문제를 발견할 수 도 있습니다. 그렇기 때문에 여러 자료를 읽고 어떠한 자료가 내 과제 연구에 적합한지 확인해 봐야 합니다.

다음 STEP 5를 통해 어떻게 선행 연구를 읽고 분석해야 할지 알아볼까요?

STEP 1 선행 연구의 제목, 초록, 목차, 참고 문헌 중심으로 살펴보기
STEP 2 서론에서 연구의 필요성 및 목적, 연구 방향 찾아보기
STEP 3 본론에서 이론적 배경, 연구 방법 눈여겨보기
STEP 4 선행 연구 결과를 다른 자료와 비교, 검토하기
STEP 5 선행 연구의 한계점이나 후속 연구 분야에 대해 살펴보기

\ Step 1 / 선행 연구의 제목, 초록, 목차, 참고 문헌 중심으로 살펴보기

    선행 연구 중 논문의 경우 제목과 초록, 목차, 참고 문헌을 꼭 눈여겨봐야 합니다. 특히 자료의 분량이 많을 경우 그 내용을 쉽게 파악할 수 있게 해 주기 때문이지요.

    먼저 제목에서는 연구 주제와 핵심 키워드를 찾을 수 있고, 핵심 키워드 간의 관계도 파악할 수 있습니다. 또한 제목이 논문 전체의 얼굴이기 때문에 논문의 목적과 방향을 간결하고 정확하게 이해할 수 있습니다.

    둘째, 초록은 자신이 필요로 하는 내용이 담긴 자료인지 손쉽게 파악할 수 있습니다. 초록은 논문 전체 내용과 결론을 요약하여 담은 것이므로 많은 분량의 자료를 다 읽지 않아도 논문 전체의 핵심 내용을 쉽게 파악할 수 있습니다.

    셋째, 목차는 연구 문제와 범위, 전체적인 연구 흐름을 제시합니다. 목차는 설계도와 같은 역할이므로 논문의 뼈대가 되는 중요한 정보입니다. 목차를 통해 우리는 연구의 구조와 흐름을 한눈에 파악할 수 있습니다.

    넷째, 참고 문헌 안에는 관련성 높은 자료들이 많이 모여 있기 때문에 이를 활용하면 꼬리에 꼬리를 물듯 핵심 자료를 손쉽게 찾아 읽을 수 있습니다.

    이렇게 제목, 초록, 목차, 참고 문헌을 활용하여 논문의 전체 흐름을 파악하고 효율적으로 정보에 접근할 수 있으므로 선행 연구를 읽을 때 주의 깊게 살펴보아야 합니다.

찾은 논문이 나에게 필요한지 확인하기 위해 살펴봐야 할 것	필요한 논문을 찾았을 때 기록해 둘 것
· 제목	· 참고 문헌 정보
· 초록	· 내용 요약
· 목차	· 인용문
· 참고 문헌	· 나의 생각

\ step 2 / 서론에서 연구의 필요성 및 목적, 연구 방향 찾아보기

서론은 연구의 필요성과 목적, 연구 방법 및 범위를 포함하고 있습니다. 연구의 필요성은 연구의 의미와 내용을 밝히고 이 연구가 유용하다는 것을 설명해 줍니다. 연구의 목적은 연구의 범위를 설정하여 연구를 일관성 있게 유지시켜 줍니다. 서론은 자료의 전체적인 방향을 제시하기 때문에 우리가 과제 연구를 하는 데 참고할 만한 자료인지 판단할 수 있도록 도와줍니다.

\ step 3 / 본론에서 이론적 배경, 연구 방법 눈여겨보기

본론은 연구의 핵심이며, 실제적으로 연구가 진행되는 곳입니다. 본론에서 이론적 배경, 연구 방법, 연구 결과에 대한 논의 부분을 살펴봐야 합니다. 본론을 읽을 때 충분한 자료를 제시하고 있는지, 적용된 이론이 주제를 잘 설명하고 있는지 생각하며 읽는다면, 과제 연구를 진행하는 데 많은 도움을 받을 수 있습니다.

\ step 4 / 선행 연구 결과를 다른 자료와 비교, 검토하기

연구의 결과와 연구 결론은 같다고 생각하지만 연구의 결과는 연구라는 행동의 결말이고, 연구 결론은 과제 연구라는 전체 행위에 대한 정리 및 끝맺음을 의미합니다. 따라서 우리는 본론의 마무리 부분인 연구 결과에 관심을 갖고 읽어야 합니다. 선행 연구의 결과를 보면서 '다른 선행 연구들은 어떤 결과를 냈지?', '지금 내가 보고 있는 자료와 차이는 뭘까?'라는 생각을 하면서 읽는 것이 좋습니다.

\ step 5 / 선행 연구의 한계점이나 후속 연구 분야에 대해 살펴보기

논문 마지막 부분인 결론에는 자신이 진행한 연구의 한계점이나 다음 연구자의 후속 연구에 대한 생각을 밝히는 경우가 많습니다. 그렇기 때문에 이 부분을 눈여겨보면 연구할 아이디어를 얻는 데 도움이 됩니다. 이미 이루어진 연구의 결과들을 비판적으로 읽어 가며 새로운 연구 문제를 발견할 수도 있고, 더 나아가 비슷한 연구 문제를 가지고 다시 연구하여 결과를 검증해 볼 수도 있습니다.

\02/ 선행 연구 평가하기

선행 연구는 읽고 평가한 후에 연구 주제에 따라 이를 분석하여 자신의 견해를 발전시키는 데 활용해야 합니다. 수집한 자료들이 모두 연구에 필요한 것이 아니므로 우리에게 필요한 자료를 선별해야 합니다. 다른 연구자들도 선행 연구의 전체 내용이 다 필요하기보다는 부분적으로 필요한 정보만을 취하여 활용하는 경우가 더 빈번합니다.

그럼 이제 선행 연구의 어떤 점을 주의 깊게 살펴봐야 하는지 확인하러 가 볼까요?

STEP 1. 저자의 저명도 및 발행 기관의 인지도 검토하기
STEP 2 선행 연구의 최신성 여부 고려하기
STEP 3 선행 연구의 신뢰도 검토하기

\step 1/ 저자의 저명도 및 발행 기관의 인지도 검토하기

해당 분야에서 어떤 저자가 얼마나 유명한지 한번 확인해 보기 바랍니다. 자료 수집

중에 가장 많이 나오는 이름은 분명히 그 분야의 전문가라 할 수 있습니다. 출판한 작품이 많다고 꼭 학문적으로 훌륭하다 말할 수는 없으나, 우리가 과제 연구를 하는 데는 도움이 됩니다. 특히 그 저자가 쓴 선행 연구의 인용 빈도가 높다면 그 분야에서 많은 연구 업적을 가진 것이라 볼 수 있습니다. 포털 사이트를 통해 얻는 정보들은 저자의 지명도를 신뢰하기 어려운 경우가 많으므로 검증된 저자의 선행 연구인지 잘 살펴봐야 합니다. 발행 기관의 인지도 역시 선행 연구의 신뢰도를 평가하는 데 매우 중요한 기준이 됩니다. 그 분야의 핵심 정보원이라 할 수 있는 전공 학회지나 관련 발행 기관 정보를 알고 있다면 여러모로 신뢰할 만한 자료를 쉽게 확보할 수 있습니다.

\ step 2 / 선행 연구의 최신성 여부 고려하기

출판 연도의 최신성 여부도 선행 연구 결과를 신뢰할 수 있는지 평가하는 데 중요한 기준이 됩니다. 물론 최신 정보라고 다 신뢰할 수 있다 판단할 수는 없지만 최신 연구 또한 기존 선행 연구의 연구 결과를 기초로 하여 작성하기 때문에 오랜 기간 동안 그 이론과 사례를 토대로 한 최신 자료는 우리에게 더 양질의 자료를 제공할 수 있겠지요?

특히 과학이나 기술 분야의 경우는 최신 정보일수록 가치가 있는 것으로 평가받습니다. 또한 다양한 분야에서도 출판 연도를 살펴봄으로써 연구에 대한 견해들의 변화를 알 수 있습니다. 평소 관심 분야의 최신 자료를 수시로 읽으면 그 분야에 대한 새로운 지식과 정보를 얻을 수 있고, 과제 연구에 대한 좋은 아이디어를 얻는 데 도움이 됩니다.

\ step 3 / 선행 연구의 신뢰도 검토하기

　선행 연구 내용이 얼마나 신뢰할 만한지 검토해 봐야 합니다. 특히 관련 분야의 단행본일 경우 인터넷 서점, 출판 잡지 및 독서 관련 단체에서 제시하는 서평을 읽어 보면 도움이 됩니다. 그리고 앞서 설명했던 바와 같이 논문의 경우 서론과 목차, 참고 문헌만으로도 그 자료의 학문적 깊이를 손쉽게 파악할 수 있습니다.

\ 03 /
선행 연구 정리하기

선행 연구들을 수집만 하고 기록이나 정리를 안 한다면 애써 모은 자료의 위치와 내용을 다시 확인하는 데 또 시간이 필요하겠지요?

따라서 과제 연구에 유용하게 쓰일 수 있도록 자료의 기록 및 정리에 필요한 핵심 정보를 미리 작성해 두는 것이 중요합니다. 또한 마지막에 과제 연구를 하는 데 사용했던 다양한 선행 연구들의 목록(참고 문헌)을 정리하여 제시해야 하니 처음부터 잘 정리해 두면 시간도 절약할 수 있습니다. 그럼 선행 연구를 정리할 때 어떤 것들을 유의해야 하는지 살펴볼까요?

STEP 1 주제와의 적합성 여부를 판단하여 카드나 폴더로 정리하기
STEP 2 자료 유형에 따라 서지 정보 기록하기
STEP 3 과제 연구 목차에 따라 인용할 자료 배치하기

주제와의 적합성 여부를 판단하여 카드나 폴더로 정리하기

입수한 자료들의 목록을 체계적으로 작성한다면, 과제 연구를 진행하며 필요할 때 바로 활용할 수 있습니다. 선행 연구를 탐색하는 과정에서 자신이 읽은 모든 논문을 따로 정리할 필요는 없지만, 연구를 진행해 나가면서 그 주제와 관련한 논문들을 따로 분류하고, 중요한 결과는 별도로 정리해 두는 것이 좋습니다. 선행 연구를 살펴보면서 과제 연구를 하는 데 내용을 참고할 수 있고 나의 주제와 관련된 연구가 어디까지 진행되고 있는지 확인할 수 있습니다.

과제 연구 주제와 밀접하여 연구를 진행하는 데 필요하다고 판단된 자료는 카드나 폴더에 정리하면 좋습니다. 특히 출력본이나 복사본의 경우 클리어 파일에 라벨을 붙여 분류하고, 파일 자료의 경우에는 USB나 클라우드 서비스를 활용하여 폴더별로 분류 및 저장해 두면 더욱 편리하게 사용할 수 있겠지요?

자료 유형에 따라 서지 정보 기록하기

선행 연구는 단행본, 잡지, 신문, 백과사전 등 자료 유형에 따라 기록 및 정리를 다르게 한다면 시간과 노력을 절약할 수 있습니다. 또한 출처가 없는 내용은 과제 연구 보고서에 쓸 수 없으므로 누가, 언제, 어디서 연구를 진행했는지에 대한 서지 정보를 반드시 저장해야 합니다. 특히 논문 자료를 정리할 때에는 논문에서 다루고 있는 주제, 연구 방법, 연구 결과, 그 연구에 대한 연구자의 생각 등을 정리해 두면 도움이 됩니다. 다음의 표는 찾은 선행 연구마다 작성해야 할 기본 서지 정보 내용을 담은 예시이니 참고하면 좋습니다.

참고 문헌 정보	이병기(2007). 국가 수준의 교육 과정과 연계한 도서관 활용 수업의 제도화. 한국도서관정보학회지, 38(1), pp.443-462.
내용 요약	도서관 활용 수업은 교육 과정 안에서 다양한 수업을 가능하게 함.
인용문	"도서관 활용 수업은 사서 교사와 교과 교사의 협력의 과정이며 이를 가장 잘 나타낼 때 그 효과가 극대화된다." p.445.
나의 생각	학교 도서관은 교사의 교수 활동과 학생의 학습 활동을 지원하는 교수학습지원센터의 역할이 요구된다.

\ step 3 / 과제 연구 목차에 따라 인용할 자료 배치하기

　필요한 자료를 찾았다면 연구 목차에 어떻게 배치하여 활용할지 구상해야 합니다. 인용할 부분을 잘 기록해 두어야 실제 본문을 작성할 때 효율적으로 자료를 찾을 수 있습니다. 본문에 인용하기 위해 필요한 내용은 따로 기록하는 것이 좋습니다. 읽은 자료들은 요약해서 기록한 후 파일로 미리 정리와 분류를 해 놓으면 과제 연구를 하는 시간은 절약하고 보고서 내용은 풍성하게 만들 수 있겠지요?

　특히 선행 연구를 읽고 분석하는 과정에서 새로운 점이나 특이한 점, 견해나 이론들 간의 차이점, 잘못된 점을 메모해 두고, 과제 연구 보고서 내용을 작성하는 데 필요하다고 생각되는 점도 기록해 두는 것이 좋습니다.

04

연구 목차 중심으로 자료 분석하기

과제 연구는 논증적 글쓰기로 보통 서론, 본론, 결론의 형식을 갖습니다. 그리고 다양한 연구 방법 중 선행 연구 분석을 기반으로 한 문헌 연구법으로 진행합니다. 문헌 연구법은 자료를 수집하여 분석하는 것에 중점을 두고 진행하며, 자료의 범위는 학위 논문, 학술 보고서, 신문, 잡지, 단행본 등을 모두 포함합니다. 또한 과제 연구와 같은 논증적 글쓰기는 논리적인 목차 설계가 무엇보다 중요합니다. 과제 연구의 경우 아래 표의 목차에서 보듯이 핵심 키워드나 핵심 키워드의 관계로 설명되는 A에 대한 문제 해결 과정에 기반을 두고 진행합니다.

연구 제목	A의 문제점 분석과 개선 방안 연구
연구 목적	A의 실태 조사를 토대로 문제점을 분석하고 이를 해결하기 위한 사례 분석 내용을 토대로 A에 적합한 개선 방안을 제시하는 데 목적이 있다.
연구 방법	문헌 연구법 (선행 연구 분석 중심)
연구 목차	서론 ──────────────── ❶ 1. 연구의 필요성 및 목적 2. 연구 문제

II. 본론 ──────────────────────── ②

1. 이론적 배경
2. A의 문제 현황 및 실태 조사
3. A의 문제점 도출
4. A의 문제점을 해결한 우수 사례 분석
5. A의 문제점에 대한 개선 방안 제시

III. 결론 ──────────────────────── ③

1. 연구 의의(성과)
2. 연구 한계점 및 후속 연구 제안

표에서 보는 바와 같이 서론(①)에서는 연구의 필요성 및 목적, 연구 문제를 담고 있습니다. 이를 토대로 연구의 방향성을 파악한 후 핵심 연구 내용을 본론에서 대부분 다룹니다. 본론(②)에서는 연구의 이론적 배경을 시작으로 A의 현황 및 실태를 조사하여 객관적 근거를 확보해 두고, 이를 바탕으로 문제점을 찾고 우수 사례 분석 내용을 활용하여 개선 방안을 제시해 줍니다. 결론(③)에서는 연구 결과를 요약 정리하고 이 연구의 가치와 한계점을 제시하면서 마무리합니다.

여러분도 이러한 흐름을 토대로 진행하면 아주 손쉽게 과제 연구를 완성할 수 있겠지요? 이번 단원에서는 과제 연구의 틀을 만드는 STEP 5에 따라 내용을 분석, 조직하여 정리하는 과정을 살펴보겠습니다.

STEP 1 A의 개념 정리하기
STEP 2 A의 문제 현황 및 실태 조사하기
STEP 3 A의 문제점 찾기
STEP 4 A의 문제점을 해결한 우수 사례 찾기
STEP 5 A의 문제점의 개선 방안 제시하기

\step 1/ A의 개념 정리하기

본론의 1장에서는 연구 주제를 잘 이해하고, 논문을 읽는 독자들이 기본적으로 가져야 하는 배경지식을 제공하기 위한 이론적 배경을 다루고 있습니다. 이 부분에서는 주요 핵심 키워드에 대한 개념 정의 및 연구 문제를 이해하는 데 도움이 될 만한 특징, 동향 파악 정보를 요약 정리하여 제시합니다.

이론적 배경을 다루는 1장은 인용 및 출처의 빈도가 다른 장에 비해 가장 높으며, 연구자의 의견이나 생각보다는 객관적인 사실 정보를 일목요연하게 정리하여 제시해야 합니다. 이론적 배경은 각 연구의 특성에 따라 주제나 이론 중심으로 다양하게 구성할 수 있습니다. 한 학생이 쓴 예시를 통해 작성 방법을 살펴봅시다.

연구 제목		학교 스포츠 클럽 문제점 분석 및 개선 방안
연구 목적		한국 학교 스포츠 클럽의 문제점을 외국의 스포츠 클럽 활동 운영과 비교하여 외국 스포츠 클럽을 본보기로 한국 스포츠 클럽의 문제점을 개선하고자 한다.
이론적 배경 쓰기	정의	1. 학교 스포츠 클럽 개념 및 목적 1.1 학교 스포츠 클럽의 정의 학교 스포츠 클럽이란 체육 활동에 취미를 가진 같은 학교의 학생으로 구성되어 학교가 운영하는 스포츠 클럽을 뜻한다.(교육부, 2015; 문지성, 2015)… 1.2 학교 스포츠 클럽의 목적
	특징	2. 학교 스포츠 클럽 역할 및 기능 2.1 학교 스포츠 클럽의 역할 스포츠 클럽을 통해 여러 운동에 필요한 기술을 체계적으로 배우게 하고 효율적인 운동 기술 향상에 도움을 줌으로써 재미와 성취감을 느끼면서 경기를 즐길 수 있다.(이영주, 2012)… 2.2 학교 스포츠 클럽의 기능
	동향	3. 학교 스포츠 클럽 도입 배경 일반 학생들 또한 학생 선수처럼 움직임 활동에 있어서 무언가를 갈망하려는 욕구를 가지며, 동료들과 땀을 흘리고, 스포츠 활동의 참여에 여전히 목이 마르기 때문에 학생들의 욕구를 만족시키고, 심신의 건강을 도모하고 건강한 학교 문화를 형성하기 위하여 2007년에 교육인적자원부에서는 학교 스포츠 클럽을 도입하였다.(2013, 윤성근; 변영수, 2017)…

위 사례는 '학교 스포츠 클럽 문제점 분석 및 개선 방안'이라는 과제 연구인데, 본론 1장에서 학교 스포츠 클럽에 대한 이론적 배경을 소개하고 있습니다. 먼저 정의 영역으로 학교 스포츠 클럽에 대한 개념 및 목적을, 특징 영역으로 학교 스포츠 클럽의 역할 및 기능을 제시하고 있습니다. 그리고 학교 스포츠 클럽이 어떤 배경하에 도입되었는지 동향을 기록하여 독자들이 학교 스포츠 클럽에 대한 배경지식을 쌓을 수 있도록 돕고 있습니다.

이론적 배경을 다루는 장은 저자뿐 아니라 독자에게도 선행 연구를 이해하는 데 매우 필요한 부분이라 할 수 있습니다.

이론적 배경 작성하기

연구 제목		
연구 목적		
이 론 적 배 경 쓰 기	정의	
	특징	
	동향	

✓ RE-CHECK

이론적 배경은 핵심 키워드와 핵심 키워드의 관계 중심으로 기록하는 것입니다. 내용을 명확히 기록하기 위해 목차를 1.1, 1.2와 같이 하위 개념으로 나누어 기록해 보세요!

A의 문제 현황 및 실태 조사하기

본론 2장에 제시하는 현황 및 실태 조사는 선행 연구에서 살펴본 관련 데이터 및 현황 자료, 통계, 그래프 등의 결과를 이용하여 작성할 수 있습니다. 특히 국내 정책이나 프로그램, 시스템 및 제도적 측면에 대한 조사 내용은 출처를 명확히 밝혀야 객관적 자료로 본문에 담아낼 수 있습니다. 또한 선행 연구마다 연구 방향과 내용이 다양하므로 비교 분석을 통해 현황 및 실태를 정리하면 좀 더 객관적인 데이터를 확보할 수 있습니다.

연구 제목		소셜 미디어에서의 개인정보 유출 실태 및 개선 방안: 페이스북을 중심으로
연구 목적		소셜 미디어에서 발생하는 개인정보 유출 사례를 분석하고 미디어상에서의 피해를 줄이기 위한 개선 방안을 모색하여 사용자 간의 신뢰감이 형성된 안전한 소셜 미디어 사회를 만드는 방법을 강구한다.
현황 실태 쓰기	현황	2. 소셜 미디어의 개인정보 사용 현황 2.1 소셜 미디어에서의 개인정보 작성 2.2 소셜 미디어의 개인정보 유출 위험
	실태	3. 소셜 미디어의 개인정보 유출 피해 사례 3.1 페이스북 방문자 추적기 3.2 페이스북 피싱/해킹

예시를 보면, 이 학생은 '소셜 미디어에서의 개인정보 유출 실태 및 개선 방안'이라는 주제로 본론 2~3장에 걸쳐 현황 및 실태 내용을 작성하였습니다. 2장에서는 소셜 미디어의 개인정보 사용 현황을 회원 가입 시 개인정보 작성 내용과 개인정보 공개 및 유출의 위험 요소를 통해 제시하고 있습니다. 또한 3장에서는 소셜 미디어상에서 발생한 개인정보 유출 피해 사례를 조사하여 개인정보 유출의 실태를 보여 주며 문제의 심각성을 부각하고 있습니다. 특히 현황 및 실태 내용은 다음 장에 이어질 문제점 도출의 주요 근거가 되어야 하므로 이를 염두에 두고 제시해야 합니다.

A의 현황 및 실태 작성하기

연구 제목		
연구 목적		
현황 및 실태 쓰기	현황	
	실태	

√ RE-CHECK

현황과 실태를 제시하는 목적은 연구의 문제 상황을 알리기 위한 것임을 잊지 마세요!

과제 연구의 본론 3장에는 앞서 2장에서 살펴본 현황 및 실태 조사 내용을 근거로 하여 문제점을 도출하면 됩니다. 문제점을 도출할 때는 확실한 논거가 제시되어야 하며, 다음에 이어질 개선 방안까지 연계성을 가지고 작성해야 합니다. 한 학생이 작성한 예시를 살펴볼까요?

연구 제목	고등학생 진로 교육의 문제점 분석 및 개선 방안
연구 목적	고등학생 진로 교육의 문제점을 분석하고 다른 나라의 우수 진로 교육 사례를 들어 우리나라에 적합한 진로 교육의 방향을 마련하는 데 목적이 있다.
문제점 도출	3. 고등학생 진로 교육의 문제점 3.1 대학 진학을 위한 성적 중심의 교육 3.2 간단한 진로 상담과 검사

이 학생은 고등학생 진로 교육의 문제점을 분석하고 이에 대한 개선 방안을 제시하는 과제 연구를 했습니다. 특히 이 학생은 앞서 진로 교육 현황을 살펴보고, 이 내용을 근거로 다음과 같이 두 개의 문제점을 도출하여 제시하고 있습니다. 하나는 진로 교육이 대학 진학을 위한 성적 중심으로 이루어진다는 점이고, 다른 하나는 현재 학교 진로 상담과 검사가 체계성 없이 비효율적으로 운영된다는 것입니다. 문제점 도출은 이와 같이 두세 개 정도로 체계화하여 제시하는 것이 좋습니다.

A의 문제점을 찾아 작성하기

연구 제목	
연구 목적	
문제점 도출	1. 2. 3.

√ RE-CHECK

연구에서 해결할 문제점이 드디어 등장하는 부분입니다. 연구의 문제점을 명확히 기록해 보세요!

\ step 4 / A의 문제점을 해결한 우수 사례 찾기

과제 연구의 본론 4장에는 문제 해결에 필요한 아이디어를 얻기 위해 같은 정책이나 프로그램의 도입 사례를 조사하여 제시할 수 있습니다. 사례 분석은 국내외를 막론하고 살펴볼 수 있으며, 우수 사례로 제시된 대상의 경우 선정 기준이 명확해야 설득력을 높일 수 있습니다. 다음 예시는 앞서 살펴본 진로 교육의 문제점을 해결하기 위한 우수 사례 분석 내용 목차입니다.

연구 제목	고등학생 진로 교육의 문제점 분석 및 개선 방안
연구 목적	고등학생 진로 교육의 문제점을 분석하고 다른 나라의 우수 진로 교육 사례를 들어 우리나라에 적합한 진로 교육의 방향을 마련하는 데 목적이 있다.
사례 분석	4. 고등학생 진로 교육의 우수 사례 　4.1 대학 진학을 위한 성적 중심의 교육에서 벗어난 진로 교육 　4.2 체계적인 체험 활동 중심의 진로 교육

이 학생은 본론 4장에서 문제점을 기반으로 진로 교육의 우수 사례를 두 가지로 살펴보고 있습니다. 특히 체험 활동 중심의 진로 교육 사례로 영국의 직업 체험 교육과 아일랜드의 전환 학년제 등을 제시하며 국내에도 적용 가능한지 구체적인 설명을 곁들이고 있습니다. 우수 사례 분석의 경우 위의 예시같이 문제점에 대한 개선 방안 제시를 위해 같은 틀을 유지하여 작성할 수도 있으며, 나라별로 구성할 수도 있습니다.

A의 문제점을 해결한 우수 사례를 찾아 작성하기

연구 제목	
연구 목적	
사례 분석	1. 2. 3.

✓ RE-CHECK

여기에서 제시되는 사례는 문제점을 모범적으로 해결하고 있는 우수한 사례입니다. 각 문제점별로 우수한 사례를 기록해 보세요!

A의 문제점의 개선 방안 제시하기

　과제 연구의 본론 5장에는 문제점을 해결하기 위한 방안을 제시하는 것이 핵심입니다. 여기에는 개선 방안, 해결 방안, 발전 방안, 활성화 방안 등 연구 목적과 방향에 맞게 방안을 제시할 수 있습니다. 특히 개선 방안과 해결 방안의 경우 문제점을 줄이고 부정적 측면을 최소화하기 위한 내용 위주로 작성하며, 발전 방안과 활성화 방안의 경우는 현 상황보다 더 잘 정착시키고 긍정적 요소를 강화하기 위한 목적으로 내용을 작성하면 됩니다. 방안 제시에도 관점의 차이가 있다는 것을 유의하길 바랍니다. 다음의 예시 또한 앞서 살펴보았던 진로 교육의 문제점을 해결하기 위한 개선 방안 목차입니다.

연구 제목	고등학생 진로 교육의 문제점 분석 및 개선 방안
연구 목적	고등학생 진로 교육의 문제점을 분석하고 다른 나라의 우수 진로 교육 사례를 들어 우리나라에 적합한 진로 교육의 방향을 마련하는 데 목적이 있다.
개선 방안	5. 고등학생 진로 교육의 개선 방안 5.1 대학 진학을 위한 성적 중심 교육의 개선 방안 5.2 체계적이지 못한 진로 상담의 개선 방안

　위의 예시에서 보듯이 문제점 도출–사례 분석–개선 방안의 연계성을 가지고 두 가지 방안을 제시하고 있습니다. 우수 사례 분석 내용을 토대로 전공과 적성에 기반을 둔 진로 교육이 이루어져야 한다는 점과 직업 체험 교육의 도입 및 진로 교육 정책의 체계화 방안에 대해 언급하고 있습니다. 다만 우수 사례를 우리나라 교육 실정에 맞게 적용할 수 있는 구체적 방안을 제시하지 못한 점은 이 연구의 한계점으로 보입니다.

A의 문제점에 대한 개선 방안을 작성하기

연구 제목	
연구 목적	
개선 방안	1. 2. 3.

모범적인 우수 사례를 바탕으로 내가 발견한 문제를 해결할 수 있는 방안을 기록해 보세요!

😊 소논문을 쓰면서 많은 선행 연구들을 접해 볼 수 있었는데, 그 대략적인 목차는 같지만 연구의 형태에 따라 목차의 내용이 조금씩 바뀌는 것을 발견할 수 있어서 흥미로웠다. 또한 자료를 찾으며 나와 비슷한 연구 문제를 가지고 연구를 한 선행 연구들을 많이 발견했는데 연구 대상이나 연구 방향이 조금씩 달라서 많은 논문들을 비교해 보는 것 또한 재미있었다.

😊 연구 목차를 정확하게 정하는 것이 논문의 질을 좌우한다는 것을 깨달았다. 여러 수정을 거쳐 목차를 확정했는데 오래 걸리긴 했지만 뿌듯했다. 여러 선행 연구를 참고하는 과정에서 선행 연구마다 같은 주제를 다루어도 조금씩 차이가 나는 것이 신기했다.

😊 처음 과제 연구를 작성해 보는 거라 연구 문제에 대해 정확하게 정의 내리는 것도 처음에는 힘들었다. 하지만 다양한 선행 논문들을 참고하고 선생님의 도움 아래에서 차차 연구 문제, 목차들을 잡을 수 있었다. 또한 내가 전달하고자 하는 내용을 본론에서 꺼내기 위해 차근차근 체계적으로 구성해 가는 것이 별것 아닌 것 같지만 잘 짜여 있어 놀라웠다.

😊 연구 문제를 구체화하고 연구 목차를 작성하는 과정이 가장 재미있었고, 여러 선행 연구들을 읽으며 드론 산업의 발전 현황과 어떻게 규제하고 있는지 알 수 있어 흥미로웠다. 또 여러 사이트를 찾아보며 한국드론산업진흥협회 등 여러 정부 자료를 참고할 수 있다는 것이 신기했다.

😊 연구 문제를 설정한 후 과제 연구를 작성하기 위해 다양한 선행 연구를 참고하며 연구하였는데, 스스로 뭔가를 연구하고 탐구해 논문을 쓴다는 것 자체가 흥미로웠다. 또한 진로와 직접적인 연관은 없지만, 화학 시간에 배웠던 내용에 대해 깊게 배울 수 있어서 좋았다. 어느 한 주제에 대해 깊게 탐구해 보았던 적은 없었는데 깊게 탐구할 수 있는 기회였던 것도 좋았다. 논문을 처음 쓸 때 매우 막막했지만 무언가에 도전한다는 것도 매우 흥미로웠다.

😊 방대한 양의 선행 논문을 연구하고 또 그 내용을 다시 내 과제 연구에 적용할 수 있도록 체계적으로 정리하는 것이 어려웠으며, 특히나 고대사 연구라는 특성상 한자로 되어 있는 선행 연구들을 혼자 힘으로 이해하는 데 한계가 있었다. 하지만 여러 편의 선행 연구들을 계속 읽다 보니 일정 부분 해결할 수 있었다.

주제 정하는 과정이 가파른 오르막길이었다면, 그다음은 평탄한 내리막이었다. 어렵게 주제를 정하고 나니, 전개 방식을 구상하는 다음 과정으로 쉽게 넘어갈 수 있었다. 이 과정에서 앞으로 해 나갈 쓰기에 대한 기대감이 많이 생겼다. 특히 참고 문헌을 살펴보며 다양한 선행 연구의 연구 방법과 연구 결과 등을 비교해 보면서 내 과제 연구에 어떻게 적용할지 구상했던 게 기억에 남는다. 비슷한 내용이라도 어떤 방식으로 배열하고 제시하느냐에 따라 글을 읽는 관점에서 받아들이는 내용에 차이가 있다는 것을 알게 되었고, 이를 파악해 우선순위, 강조하는 항목을 표현하기 위해 활용했다는 점이 뿌듯했다.

내 진로인 수의사에 대한 자료를 찾아보던 중 발견한 동물들의 생활과 관련해 편리함을 제공해 주고 그들의 권리를 보호하는 데 도움이 되는 3D 바이오 프린팅이라는 기술에 대해 흥미가 생겼다. 과제 연구를 하며 가장 흥미로웠던 점은 내가 깊게 알아보고 싶고 완벽하게 이해하고 싶은 주제에 대해 여러 학술 논문들을 찾아봄으로써 이해의 깊이를 더할 수 있었고, 부가적인 사실들까지 더 알 수 있었던 것이다. 궁금증을 해결하려 조사하는 과정에서 나의 의견과 선행 연구자의 의견을 비교해 가며 새로운 사실을 깨달을 수 있었고, 사고의 폭을 더욱 넓혀 나갈 수 있었다.

😊 전문적인 내용을 담은 논문이 많아서 용어 정리, 개념 정리를 하는 데 많은 시간이 걸렸다. 이 과정에서 선생님의 도움을 많이 받았다. 또한 정보가 매우 많아서 필요한 정보를 골라 내는 데도 시간이 꽤 많이 걸렸다. 정보의 바다에서 필요한 정보를 선별하는 능력 역시 지금 우리에게 필요한 자질이라 생각했다.

....

😊 연구를 시작하면서 내가 표현하고자 하는 단어가 정확하지 않아 정말 많은 자료를 찾아보았다. 관련 유사 단어들의 정의를 사전에서 찾기 힘들었고 논문과 학술지마다 다르게 표현하고 있어 이해하기 힘들었다. 그러나 내가 의료 체계를 어떻게 활용해서 쓰고 싶은지를 다시 생각해 보면서 찾았던 자료들을 토대로 내가 사용하고 싶은 단어는 '보건 의료 체계'라는 용어임을 알게 되었다. 용어를 정확히 하고 나니 그 이후 연구가 잘 진행되었다.

....

😊 주제에 관련된 자료를 모으는 것은 나에게 힘든 일은 아니었지만, 그 자료를 내가 정리하고 글을 쓰기까지가 너무 어려웠다. 다른 친구들은 빠르게 자료를 정리하고 써 가고 있을 때 나는 자료를 더 모으고 정리를 하면서 '내가 너무 뒤처지고 있는 것은 아닌가.'라는 생각을 많이 하였던 것 같다. 하지만 조급해하지 말고 나대로 열심히 써 보자는 마음을 가지고 하였다. 나는 자료를 찾으려고 수업 시간에 다 같이 국회도서관을 간 것 외에도 더 방문하여 내가 보고 싶고 찾고 싶었던 자료를 수집하면서 열심히 쓰기 시작했다.

....

😊 시작할 때는 그저 막막하기만 했고, 내가 과연 이걸 진짜 제대로 쓸 수나 있을지 의구심이 들었지만 선생님의 도움을 받아 기존의 선행 연구들을 찾아보고,《고등학생 소논문 쓰기 워크북》을 참고해 시작하니 그다지 어렵지 않다는 생각이 들었다. 선행 연구들이 어려운 전문 용어로 되어 있어서 처음엔 이해하기 어려웠지만, 꾸준히 읽어 보고 노력한 결과 어느 정도 이상으로 이해할 수 있게 되었다. 새로운 지식을 많이 알게 된 것 같아 뿌듯했다.

😊 내가 관심을 가지고 있는 분야에 대해 연구를 하니 지루하지 않았다. 오히려 더 알고 싶었고 연구 과정이 너무 재미있었다. 내가 관심을 가지고 있으니까 더 공부하고 싶었고 연구하면 할수록 재밌었다.

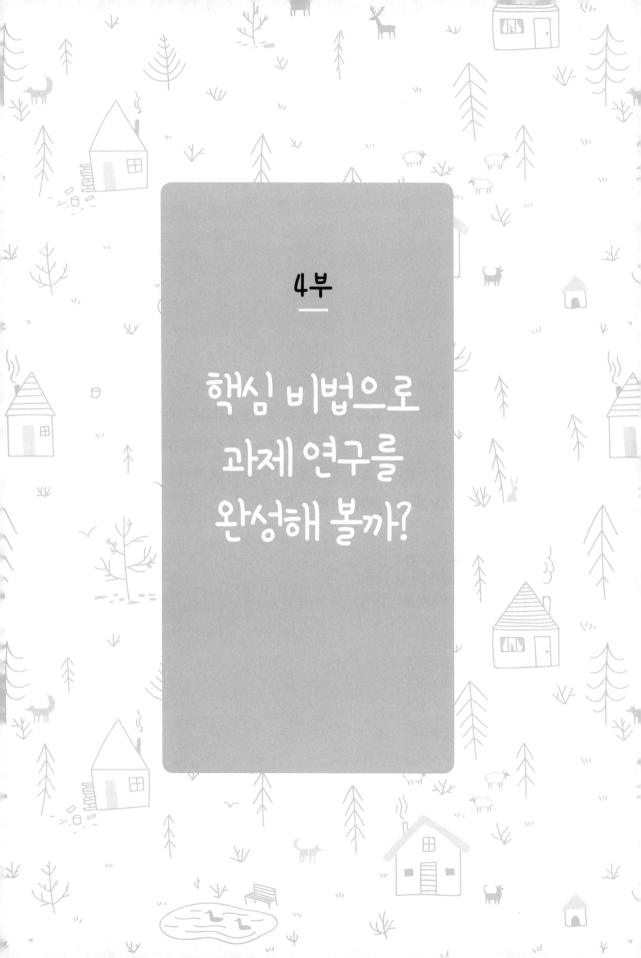

4부

핵심 비법으로
과제 연구를
완성해 볼까?

\ 01 /
연구 제목 정하기

　과제 연구를 진행하면서 "제목을 어떻게 만들면 좋을까?"라는 고민을 많이 합니다. 누구보다 빨리 남들과는 다른 과제 연구 제목을 정하면 좋겠지만 사실 쉬운 일은 아니겠지요. 과제 연구의 제목은 친구, 선생님 등 다양한 사람들이 함께 이해할 수 있게 정확하고 간결하게 작성해야 합니다. 보기 좋은 제목이 이해하기도 좋다는 것을 명심하면서 지금부터 연구 제목을 정하는 방법을 배워 봅시다.

STEP 1　핵심 키워드 생각하기
STEP 2　간결하고 명확하게 제시하기
STEP 3　선행 연구의 제목을 참고하기

\step1/ 핵심 키워드 생각하기

연구 제목은 과제 연구의 내용을 압축적으로 보여 주는 것입니다. 그렇기에 과제 연구에서 사용될 핵심 키워드를 선별하고 이를 이용하여 연구 제목을 작성할 수 있습니다. 아래는 과제 연구를 진행하면서 한 친구와 나눈 이야기의 내용입니다. 다음 이야기를 보고 핵심 키워드가 무엇인지 확인해 보겠습니다.

> 저는 학교 매점을 자주 이용합니다. 매점에 가서 초콜릿, 빵, 음료수 등의 간식을 많이 사 먹는데요, 이런
> ① 키워드   ① 키워드
> 음식을 먹다 보니 선생님과 부모님께서 많이 먹으면 몸에 좋지 않으니 적당히 먹으라고 하셨어요. 그래
>
> 서 학교 매점에서 판매되는 간식들에 어떠한 성분이 들어 있는지 확인해 보고 싶어요. 또 정말 안 좋은
>   ② 키워드
> 성분이 있다면 어떻게 해야 우리 몸을 지키면서 맛있는 간식을 먹을 수 있는지도 알아보고 싶어요.
>   ③ 키워드

과제 연구를 하고 싶은 학생과 위와 같은 대화를 하면서 세 가지의 키워드를 선정할 수 있었습니다. ① 학교 매점 간식 ② 성분 ③ 문제점 및 해결 방안이었습니다. 이에 세 가지의 핵심 키워드를 조합하여 아래와 같은 연구 제목을 정할 수 있었습니다.

> 학교 매점 판매 간식의 식품 첨가물 실태와 개선 방안 : A학교를 중심으로
>   ① 키워드   ② 키워드   ③ 키워드

이때 우리가 사용하고 있는 단어는 너무 광범위하거나 국소적 범위이거나, 대표성이 없는 단어이거나, 사투리, 잘못된 용어일 수도 있습니다. 이에 연구 문제와 연구 제목을 작성하기 위하여 용어집(시소러스, 국어사전 등)을 이용하여 사용될 핵심 키워드의 유의,

상대, 상하 관계를 조사하여 핵심 키워드를 결정해야 합니다. 아래에 제시된 학생의 사례를 통해 연구 문제의 구체적 핵심 키워드의 중요성을 확인해 보도록 하겠습니다.

2.1. 학업 성취도 향상을 보인 사회과 수행 평가의 특성은 무엇인가?

❶ '수행 평가가 사회과 학습 태도 및 학업 성취도에 미치는 영향(박정현, 2005)', '사회과 수행 평가가 사회과 학업 성취도와 학습 만족도에 미치는 영향 연구(김은미, 2010)', '고등학생의 사회 과목 수행 평가가 학습 태도와 학업 성취도에 미치는 영향(한지혜, 2006)', '사회과 학업 성취도 평가의 인지적 특성 분석(김종훈, 2008)' 등의 선행 연구에서 수행 평가는 기존의 전통적 평가 방법에 비해 학생들의 학업 성취도를 크게 향상시킨 것으로 밝혀졌다. ❷ 하지만 수행 평가 방식은 과목별로 천차만별이고 그 특징 또한 다르다. ❸ 본 연구에서는 '사회과 수행 평가'에 초점을 맞추어 다른 과목과는 구별되는 사회과 수행 평가의 특성과 더불어 학업 성취도 향상을 보인 사회과 수행 평가의 특징을 분석하고자 한다.

정○○(2018). 학업 성취도 향상을 보인 사회과 수행 평가의 특성 분석. ○○고.

위의 예와 같이 정○○ 학생은 '학업 성취도'와 '사회과 수행 평가'를 핵심 키워드로 선정하였습니다. 만약 정○○ 학생이 '학업 성취도'가 아닌 '성취'를, '사회과 수행 평가'가 아닌 '평가'를 핵심 키워드로 선정하였다면 어떻게 되었을까요? '성취 향상을 보인 평가의 특성은 무엇인가?'의 문제 해결을 위하여 국어, 영어, 수학, 과학 등의 다양한 수업에서 태도와 성적 등이 향상된 학생들의 시험 성적과 수행 평가의 특성을 모두 조사해야 하는 어려움을 겪을 것입니다. 그렇기 때문에 구체적인 핵심 키워드를 통한 연구 문제 진술은 우리 친구들이 쉽고 원활하게 과제 연구를 진행할 수 있게 합니다.

\ step 2 / 간결하고 명확하게 제시하기

　제목은 우리가 작성할 과제 연구 보고서를 대표할 수 있는 얼굴입니다. 길고 복잡한 제목이 '멋지다'고 생각할 수 있지만 그것은 잘못된 생각입니다. 누구나 이해할 수 있도록 간결하게 과제 연구 제목을 작성해야 합니다. 또한 대상이나 목적을 명확하고 구체적으로 제시해야 깔끔하게 과제 연구 제목을 만들 수 있습니다.

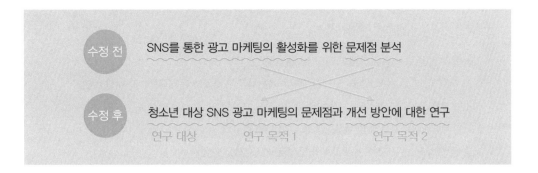

　위의 예시는 청소년을 대상으로 한 SNS의 광고 마케팅에 대해 과제 연구를 진행하고 싶다고 이야기하는 학생의 사례입니다. 이 학생은 광고 마케팅에 관심이 많아 그 분야의 진로를 희망하는 학생입니다. 위 학생은 SNS 광고 마케팅 활성화 방안을 제시하고 싶지만 수정 전의 문장은 문제점 분석이 주된 목적으로 보입니다. 이에 원인-결과의 구조와 같이 문제점을 통한 개선 방안을 도출하는 형식의 제목으로 수정하였습니다.

우리는 선행 연구를 살펴보며 과제 연구 제목을 작성하는 방법을 찾을 수 있습니다. RISS, 국회도서관, 국립중앙도서관, DBpia 등의 논문 제공 사이트에 접속하여 관련 연구들을 찾아보거나 중·고등학교 친구들이 작성한 선행 연구의 제목을 보며 우리의 과제 연구 제목을 만들어 볼 수 있습니다.

친구들이 작성한 과제 연구 제목의 예시

- 고등학교 환경 교육 프로그램의 실태 및 개선 방안
- 학교 폭력 피해 청소년의 심리 안정을 위한 산림 치유 프로그램 문제 분석 및 개선 방안
- 청소년 미혼모 학업 실태 분석 및 학업 복귀 방안
- 남북한 학제의 비교 분석 및 통일 한국의 학제 제안
- 저출산, 고령화 인구 교육 프로그램의 문제 분석 및 개선 방안
- 우리나라 나노 기술 산업의 문제점 분석 및 개선 방안
- 가상 화폐의 익명성과 국제성에 따른 문제점 분석 및 개선 방안
- 청소년 대상 SNS 광고 마케팅의 문제점과 개선 방안에 대한 연구
- 감정 노동의 실태와 감정노동보호법의 시행에 대한 연구
- 드론의 사생활 침해 현황 및 법적 규제 개선 방안
- 자율 주행 자동차 상용화를 위한 민사적 책임 개선 방안
- 과학 기술 정책의 빅 데이터 활용 현황 분석 : 사용 과정에서 발생하는 문제점 분석을 중심으로
- 고등학생 진로 교육의 문제점 분석 및 개선 방안
- 건강 기능 식품 과대 광고에 대한 해결 방안
- 미세플라스틱의 방지 정책 비교와 개선 방안
- 전기자동차 보급을 위한 보조금 정책 현황 및 개선 방안

과제 연구 제목을 정하는 방법에 대해서 알아보았습니다. 이제 배웠던 내용을 바탕으로 자신이 원하는 과제 연구 방법을 만들어 봅시다.

연구 제목 만들기

▶ 핵심 키워드와 선행 연구를 통해 간결하고 명확한 제목을 제시해 봅시다.

핵심 키워드	· · ·
키워드 검색을 통한 선행 연구 제목	❶ ❷ ❸ ❹
나의 연구 과제의 최종 제목	

✓ RE-CHECK

대상 – 원인 – 결과, 현황 분석 – 개선 방안 등과 같이 명확한 구조를 만들어야 좋은 제목을 만들 수 있습니다.

    지금부터 우리는 과제 연구를 통해 이루고 싶은 의지를 연구의 필요성 및 목적을 통해 상세하게 제시해야 합니다. 다른 사람이 내가 하고자 하는 과제 연구의 전체 내용을 이해하기에 앞서 연구의 필요성과 목적을 작성하여 상대방에게 연구의 의도를 전하고 연구의 내용을 이해시킬 수 있습니다.

    과제 연구 보고서의 가장 첫 번째 부분인 서론은 연구의 필요성 및 목적을 작성하며 시작됩니다. 지금부터 과제 연구의 시작을 알리는 관문인 '연구의 필요성'을 작성하는 방법을 알아보도록 하겠습니다.

STEP 1 연구 배경 및 필요성 작성하기
STEP 2 연구 목적 작성하기

연구의 배경 및 필요성 제시하기

　연구의 필요성과 목적을 기술하면서 서론 쓰기가 시작되며 연구의 필요성과 목적은 연구의 배경 제시를 통해 시작됩니다. 논문이 처음 시작되는 부분에서 연구가 진행되는 배경에 대한 소개를 통해 쓰는 이와 읽는 이 간의 연결 고리, 즉 공감을 이끌어 내야 합니다. 여기서 주의해야 할 점은 자신의 생각을 먼저 지나치게 제시하기보다는 사실에 입각하여 써야 한다는 것입니다. 지금부터는 친구들의 사례를 통하여 연구의 배경을 기술하는 방법을 알아보도록 하겠습니다.

❶ 자유학기제 정책은 한국 교육의 문제점을 지적하며 교육 이슈의 중심에 서 있다. 자유학기제는 '중 2'로 대표되는 우리나라 중학교 교육의 정체성과 문제점인 행복 지수와 학업 흥미도가 낮다는 것에 대한 고민 속에서 등장하였다. 이에 대해 자유학기제 정책이 등장하는 데에 세계적인 교육 흐름이 많은 기여를 하였는데, 그것은 바로 학생들의 행복을 증진시키기 위해 어떻게 학교를 변화시킬지에 대한 접근 방법(Shahar, 2007)에 대한 고민과 선진국의 역량 중심 교육 과정 흐름(정광순, 2013)이라고 할 수 있다. 의무 교육의 종료 시점에 있는 만 15세 학생들의 읽기·수학·과학적 소양(literacy)의 성취 수준을 평가하여 각국 교육의 성과를 비교·점검하는 PISA에서 알 수 있듯이 우리나라 교육은 높은 학업 성취도 덕분에 세계적인 집중을 받고 있지만, 이에 비해 낮은 학생들의 행복 지수와 학업 흥미도(OECD 학생 웰빙 보고서, 2015)는 문제가 아닐 수 없다.

　　　　　　양○○(2017). 자유학기제의 안정적인 정착을 위한 개선 방안 연구. ○○고.

❷ 21세기 들어서 SNS 등의 인터넷을 중심으로 한 글로벌 커뮤니케이션 폭발, 민주주의의 확산, 다원화와 개방, NGO의 부상 등 냉전 종식과 세계화로 사회 권력의 특성이 크게 바뀌었으며 국력을 키우는 데 있어서 국방력이나 경제력을 내세우는 시기는 지났다. 공중, 즉 public의 마음을 살 수 있는 매력인 소프트 파워가 진정한 국력이 된 것이다. '소프트 파워'의 중요성은 어찌 보면 미국보다 우리에게 더 중요할지 모른다. 세계 최강의 군사력과 경제력을 갖고 있는 미국은 설사 소프트 파워가 부족하더라도 하드 파워의 힘으로라도 세계적인 영향력을 행사할 수 있지만, 하드 파워의 역량이 강대국에 미치지 못하는 우리나라가 세계 경쟁에서 위상을 굳건히 하기 위해서는 소프트 파워의 역량을 대폭 키우는 국가적 차원의 전략이 필요하다.

　　　　　박○○(2018). 소프트 파워를 활용한 우리나라 국가 브랜드 향상 방안에 대한 연구. ○○고.

연구의 배경 및 필요성을 제시할 때는 우리가 선정한 핵심 키워드가 등장한 사회적 배경이나 상황을 사실에 입각하여 제시하여야 합니다. ❶에서는 핵심 키워드인 '자유학기제'가 등장한 배경을 자신의 생각과 선행 연구의 내용을 토대로 제시하고 있으나 ❷에서는 핵심 키워드인 '소프트 파워'가 등장한 배경에 대해 자신의 생각만 제시하고 있습니다. 앞서 자신의 생각을 제시하기보다는 사실에 입각하여 적어야 한다고 한 것처럼 ❶과 같이 핵심 키워드가 등장한 배경이나 키워드에 대한 상황 등을 자료에 기반하여 작성해야 읽는 사람들에게 이해와 공감을 이끌어 내기 쉬울 것입니다.

\ Step 2 / 연구 목적 작성하기

연구의 배경 및 필요성을 적었다면 이제는 연구를 어떻게 진행할지에 대한 연구 목적을 제시해야 합니다. 여러분의 연구 배경을 읽은 사람은 "응, 그래. 인정. 그런데 어떻게 할 건데?"라고 생각할 겁니다. 그렇기 때문에 앞서 제시한 연구 문제를 해결하기 위한 목적을 제시하여 연구 내용을 객관적이고 합리적으로 해결해 나갈 수 있음을 제시해야 합니다. 지금부터 선행 연구를 보며 연구 목적을 제시하는 방법에 대해 알아보겠습니다.

> 본 연구는 딜레마의 상황을 해결할 수 있는 최선의 방법을 알아보기 위해 문헌 연구법을 바탕으로 합리적인 결정의 기준에 대한 조사를 진행하려고 한다.
> 첫째, 딜레마와 관련된 다양한 단어들과 그 사전적 의미 및 특징을 찾기 위하여 사전(백과사전 포함)을 이용하고 선택과 관련된 다양한 법칙과 이론을 찾기 위하여 논문, 도서 자료를 이용한다.
> 둘째, 각종 신문 자료와 선행 연구 자료들을 이용하여 정치, 사회, 의료 등 분야별 딜레마의 다양한 사례들을 찾고 결정에 대한 지체가 발생하는 원인을 분석해 보고자 한다.
> 셋째, 사례들을 통해 선택 기준에 따라 달라지는 손해와 이익을 비교해 보고 다양한 사례와 딜레마

에 대한 정의를 기반으로 딜레마 상황에서 올바른 방향으로 가기 위해 고려되어야 할 사항들을 선정하고자 한다.

강○○(2016). 딜레마 상황 개척을 위한 올바른 선택 방안에 대한 연구. ○○고.

이 연구에서는 선택의 길목에서 최선의 방법을 알아보기 위하여 문헌 연구법을 이용하여 고려해야 할 사항을 확인하고자 하였습니다. 이를 위하여 핵심 키워드인 '딜레마'에 대한 개념, 정의, 특징 등을 파악하기 위하여 사전을 이용하였고, 관련된 사례를 찾기 위하여 신문 및 논문과 같은 선행 연구를 찾아 최종적인 결론을 도출한다는 연구 목적을 제시하고 있습니다.

과제 연구의 필요성 및 목적을 기술하는 방법에 대해서 알아보았습니다. 이제 배웠던 내용을 바탕으로 다음 워크시트로 이동하여 과제 연구의 서론을 열어 줄 연구의 필요성과 목적을 작성하여 봅시다.

연구 필요성 및 목적 작성하기

연구 배경	〈내용〉
	출처:
연구 필요성	〈내용〉
연구 목적	**본 연구는**

✓ RE-CHECK

연구 배경을 작성하는 데 사용한 선행 연구가 있다면 출처를 함께 적어 주세요.

연구의 필요성과 목적을 작성하였다면 지금부터는 정확하게 과제 연구를 통하여 무엇을 조사, 연구할 것인지를 설정해야 합니다. '이것(연구 주제)은 무엇일까?', '이것(연구)은 무엇이 문제일까?', '이것(연구)을 어떻게 해결할 수 있을까?'와 같이 연구 주제에 대한 질문이 바로 '연구 문제'라 할 수 있습니다. 하지만 머릿속으로만 갖고 있던 막연한 주제에 대한 생각을 글로 표현하기 위해서는 연구에 맞게 정교하게 수정해야 합니다. 지금부터 연구 문제를 작성하는 방법에 대해 알아보도록 하겠습니다.

STEP 1 선행 연구에서 연구 문제 기술 방법 조사하기
STEP 2 연구 문제 기술하기

\step 1/ 선행 연구에서 연구 문제 기술 방법 조사하기

연구 문제를 설정하는 것은 과제 연구의 방향이 흐트러지지 않고 끝까지 한 방향으로 진행할 수 있게 해 주는 기준점과 같습니다. 우리 같은 초보 연구자뿐만 아니라 전문

연구자들도 연구 문제를 설정하고 연구를 진행합니다. 그러므로 선행 연구에 제시된 연구 문제를 살펴보면서 어떻게 연구 문제를 기술할 수 있는지를 알아보는 것이 가장 쉽고 효과적입니다. 아래 예를 살피면서 선행 연구에서는 연구 문제가 어떻게 기술되어 있는지 확인해 봅시다.

청소년들의 정보 이용 행태에 대한 연구는 지속적으로 수행되고 있다(김성은 외, 2013; 임여주, 2016; Dresang, 1999; Agosto & Hughes-Hassell, 2005). 하지만 모바일 정보 이용 행태에 대한 연구는 대학생 및 일반인을 대상으로 한 연구(오세나 외, 2012; 곽지혜 외, 2015)나 중장년층을 대상으로 모바일 정보 이용 행태를 분석한 연구(김희섭 외, 2013)가 대부분이고, 청소년의 모바일 정보 이용 행태에 대한 연구, 특히 애플리케이션에 중점을 둔 연구는 진행되지 않았다. 이에 본 연구에서 다루어진 연구 질문은 다음과 같다.

– 청소년들에게 스마트폰 애플리케이션은 정보원으로 간주될 수 있는가?
– 청소년들이 필요로 하는 정보의 유형은 무엇인가?
– 청소년들은 정보 요구를 해결하기 위한 스마트폰 애플리케이션 선정에 어떠한 점을 고려하는가?

이승민, 이종욱(2017). 청소년의 정보 요구 해결을 위한 스마트폰 애플리케이션 이용 행태.
한국비블리아학회, 28(3), 332–324.

2.1. 학업 성취도 향상을 보인 사회과 수행 평가의 특성은?

'수행 평가가 사회과 학습 태도 및 학업 성취도에 미치는 영향(박정현, 2005)', '사회과 수행 평가가 사회과 학업 성취도와 학습 만족도에 미치는 영향 연구(김은미, 2010)', '고등학생의 사회 과목 수행 평가가 학습 태도와 학업 성취도에 미치는 영향(한지혜, 2006)', '사회과 학업 성취도 평가의 인지적 특성 분석(김종훈, 2008)' 등의 선행 연구에서 수행 평가는 기존의 전통적 평가 방법에 비해 학생들의 학업 성취도를 크게 향상시킨 것으로 밝혀졌다. 하지만 수행 평가 방식은 과목별로 천차만별이고 그 특징 또한 다르다. 본 연구에서는 '사회과 수행 평가'에 초점을 맞추어 다른 과목과는 구별되는 사회과 수행 평가의 특성과 더불어 학업 성취도 향상을 보인 사회과 수행 평가의 특징을 분석하고자 한다.

정○○(2018). 학업 성취도 향상을 보인 사회과 수행 평가의 특성 분석. ○○고.

STEP 1에서 선행 연구를 통해 연구 문제 기술이 어떻게 되어 있는지 확인했습니다. 앞에서 제시된 선행 연구의 예를 통해 연구 문제를 기술하는 방법을 알아보겠습니다.

❶ 청소년들의 정보 이용 행태에 대한 연구는 지속적으로 수행되고 있다(김성은 외, 2013; 임여주, 2016; Dresang, 1999; Agosto & Hughes-Hassell, 2005). ❷ 하지만 모바일 정보 이용 행태에 대한 연구는 대학생 및 일반인을 대상으로 한 연구(오세나 외, 2012; 곽지혜 외 2015)나 중장년층을 대상으로 모바일 정보 이용 행태를 분석한 연구(김희섭 외, 2013)가 대부분이고, 청소년의 모바일 정보 이용 행태에 대한 연구, 특히 애플리케이션에 중점을 둔 연구는 진행되지 않았다. ❸ 이에 본 연구에서 다루어진 연구 질문은 다음과 같다.

– 청소년들에게 스마트폰 애플리케이션은 정보원으로 간주될 수 있는가?
– 청소년들이 필요로 하는 정보의 유형은 무엇인가?
– 청소년들은 정보 요구를 해결하기 위한 스마트폰 애플리케이션 선정에 어떠한 점을 고려하는가?

이승민, 이종욱(2017). 청소년의 정보 요구 해결을 위한 스마트폰 애플리케이션 이용 행태.
한국비블리아학회, 28(3), 332–324.

2.1. 학업 성취도 향상을 보인 사회과 수행 평가의 특성은?

❶ '수행 평가가 사회과 학습 태도 및 학업 성취도에 미치는 영향(박정현, 2005)', '사회과 수행 평가가 사회과 학업 성취도와 학습 만족도에 미치는 영향 연구(김은미, 2010)', '고등학생의 사회 과목 수행 평가가 학습 태도와 학업 성취도에 미치는 영향(한지혜, 2006)', '사회과 학업 성취도 평가의 인지적 특성 분석(김종훈, 2008)' 등의 선행 연구에서 수행 평가는 기존의 전통적 평가 방법에 비해 학생들의 학업 성취도를 크게 향상시킨 것으로 밝혀졌다. ❷ 하지만 수행 평가 방식은 과목별로 천차만별이고 그 특징 또한 다르다. ❸ 본 연구에서는 '사회과 수행 평가'에 초점을 맞추어 다른 과목과는 구별되는 사회과 수행 평가의 특성과 더불어 학업 성취도 향상을 보인 사회과 수행 평가의 특징을 분석하고자 한다.

정○○(2018). 학업 성취도 향상을 보인 사회과 수행 평가의 특성 분석. ○○고.

❶의 문장에서는 현실에 대한 상황을 제시하고 있습니다. 신문, 논문, 도서 등의 다양한 자료를 통해 알게 된 현재 상황을 제시해야 합니다.

❷의 문장에서는 현실 상황에 대한 문제점을 제시하고 있습니다. 현실 상황에서 자신이 생각하는 수준에 미치지 못하는 이유를 제시해야 합니다.

❸의 문장에서는 바라는 목표나 이상적인 상황이나 알고자 하는 바를 제시하고 있습니다. 연구를 통해 알고 싶은 부분을 제시해야 합니다.

연구 문제를 기술하는 방법에 대해서 알아보았습니다. 앞서 배운 연구의 배경과 연구 문제에 대한 진술이 뒤따라 나오면 훌륭한 연구 목적 및 필요성을 작성할 수 있습니다.

이제 배웠던 내용을 바탕으로 다음 워크시트로 이동하여 과제 연구를 시작하기 위한 연구 문제를 만들어 봅시다.

연구 문제 작성하기

▶ STEP 1. 선행 연구의 연구 문제를 기술해 봅시다.

선행 연구 제목	
연구 문제	❶ ❷ ❸
선행 연구 제목	
연구 문제	❶ ❷ ❸

▶ STEP 2. 연구 문제를 현실 상황-문제점 개선 방안 제시 방법으로 기술해 봅시다.

순서	문제 기술 단계	연구 문제
1	현실 상황 제시	예 A는 B를 어떻게 사용하고 있는가? 현재 A의 효과는 어떠한가?
2	문제점 제시	예 B에 대한 A의 문제점은 무엇인가? A와 B의 차이는 무엇인가?
3	개선 방안 제시	예 A가 개선될 방법은 무엇인가? A의 문제를 해결할 방법은 무엇인가?

✓ RE-CHECK

연구 문제의 단계는 연구자의 의도에 따라 변경(수정)이 가능합니다.

\04/
핵심 키워드의 내용 정리하기

지금부터 핵심 키워드에 대한 내용을 조사하여 보기 좋게 정리하여야 합니다. 눈, 코, 입이 각자의 위치에서 역할을 하는 것과 같이 우리가 설정한 핵심 키워드들의 내용 또한 적정한 위치에서 과제 연구를 지탱하기 위한 역할을 해야 합니다.

핵심 키워드의 내용을 정리하는 과정은 본론의 이론적 배경에 해당하는 활동입니다. 핵심 키워드에 해당하는 다양한 선행 연구들을 정리하여 과제 연구에 맞게 조직해야 합니다. 지금부터 선행 연구를 통해 핵심 키워드에 맞는 내용을 정리하는 방법에 대해 알아보도록 하겠습니다.

STEP 1   핵심 키워드와 연관된 선행 연구 정리하기
STEP 2   핵심 키워드의 개념, 특징, 통계 등을 조사하기
STEP 3   핵심 키워드 내용 정리 구조 작성하기

과제 연구를 하면서 우리는 핵심 키워드와 연관된 다양한 선행 연구를 보게 됩니다. 이러한 선행 연구들은 과제 연구를 위한 기반이기에 정리를 잘해야 합니다. 선행 연구의 목적, 본론 목차, 연구 결과 등을 조사하여 핵심 키워드의 내용을 어떻게 제시할 것인지 생각해야 합니다. 아래의 예를 보면서 선행 연구를 어떻게 정리하는지 살펴보겠습니다.

핵심 키워드 : 공유 경제		
김○○(2017). 공유 경제의 문제점 분석 및 개선 방안 : Airbnb와 Uber 택시 피해 사례를 중심으로		
① 연구 목적	② 본론 목차	③ 연구 결과
공유 경제 플랫폼의 문제 발생으로 인한 개선 방안을 제시	1. 공유 경제의 개념 및 특징 2. 공유 경제의 종류 3. Airbnb 피해 사례 및 문제점 4. Uber 피해 사례 및 문제점 5. 공유 경제 플랫폼 문제점 6. 공유 경제 플랫폼 개선 방안	• 기존 산업과 공생하기 위한 법 제도 개선 • 보험 제도 적용 • 수익자 과세 실시

위 학생의 사례와 같이 핵심 키워드와 연관된 선행 연구들의 목적, 본론의 목차, 연구 결과를 정리하여 우리가 과제 연구를 진행할 때 사용하여야 합니다. 특히 ① 연구 목적과 ③ 연구 결과는 학술 및 학위 논문의 경우 초록 부분에 제시되어 있고 ② 본론 목차의 경우는 전체 목차에 제시되어 있기에 어렵지 않게 정리할 수 있을 것입니다. 여기에 각각의 선행 연구에 대한 자신의 의견을 따로 적어 두거나 비슷한 결과나 목적을 가진 선행 연구들을 모아 둔다면 더욱 좋겠지요?

핵심 키워드의 개념, 특징, 통계 등을 조사하기

과제 연구를 작성하기 위하여 핵심 키워드와 관련된 개념, 특징, 통계, 관련 법률 등을 조사하는 것은 문헌 연구법을 통해 객관적이고 합당한 결과를 얻기 위한 기반 활동입니다. 핵심 키워드의 내용을 정리하기 위하여 대부분의 선행 연구에서는 이처럼 개념, 특징, 현황 통계, 그림, 관련 법령 등을 제시하고 있습니다. 핵심 키워드와 관련된 다양한 선행 연구를 통해 핵심 내용을 어떻게 정리하고 있는지 확인해 보겠습니다.

핵심 키워드 : 전기자동차

선행 연구 A	선행 연구 B	선행 연구 C	선행 연구 D
1. 전기자동차 개념 및 특징 2. 전기자동차 시장 전망 3. 국내외 전기자동차 정책 4. 전기자동차 보급을 위한 보조금 지급 5. 전기자동차 보급을 위한 방안	1. 전기자동차 개념 및 영역 2. 전기자동차 인프라 구성 3. 국내외 전기자동차 보급 및 인프라 구축 현황 4. 국내외 전기자동차 보조 정책 5. 전기자동차 지원 정책 방안	1. 자동차 산업의 역사와 현황 2. 전기자동차의 개발 배경 및 현황 3. 전기자동차 관련 법령 4. 전기자동차 보급의 문제점 5. 전기자동차 보급 활성화 방안	1. 전기자동차 산업의 특성 및 현황 2. 전기자동차 산업의 잠재력 3. 전기자동차 산업의 환경 변화 4. 주요 경쟁사의 전략 사례 5. 전기자동차 보급을 위한 방안

4개의 선행 연구의 본론 목차를 모아 보았습니다. 어떤가요? 비슷비슷하지 않나요? 기본적으로 과제 연구에서도 위의 선행 연구와 마찬가지로 개념, 특징, 사례, 현황 통계, 관련 법률 및 정책 등을 제시해야 합니다. 이를 찾기 위하여 네이버, 구글 등의 포털 사이트, 국회도서관, 국립중앙도서관, RISS(학술연구정보서비스), DBpia 등의 원문 제공 서비스, 통계청, 법령정보센터, 각종 주제 관련 협회 및 웹사이트 등에서 핵심 주제어와 관련된 자료를 수집해야 합니다.

\ step 3 / 핵심 키워드 내용 정리 구조 작성하기

이제 핵심 키워드와 관련된 내용을 정리하기 위하여 구조를 작성해야 합니다. 이는 글을 쓰기 위한 전 단계인 개요를 작성하는 과정과 같습니다. 핵심 키워드 내용은 인과적, 시간적, 병렬적, 확산적, 점층적으로 구성이 가능합니다(박상원 외, 2012). 아래의 예를 통해 내용을 어떻게 정리하는지 확인해 보겠습니다.

인과적(연역적)	인과적(귀납적)	시간적
1. 청소년 아르바이트 실태 2. 청소년 아르바이트 문제점 3. 청소년 아르바이트 개선 방안	1. 청소년 아르바이트 특징 분석 2. 해외의 청소년 아르바이트 법률 분석 3. 청소년 아르바이트의 긍정적 측면 4. 청소년 아르바이트의 부정적 측면	1. 고려 시대 언어와 여성의 지위 2. 조선 시대 언어와 여성의 지위 3. 일제 강점기의 언어와 여성의 지위 4. 현대의 언어와 여성의 지위
병렬적	확산적(작은 → 큰)	점층적(큰 → 작은)
1. 한강의 오염 실태 2. 낙동강의 오염 실태 3. 섬진강의 오염 실태	1. 인간의 유전자적 특성 2. 이성적 존재로서의 인간 3. 사회적 존재로서의 인간	1. 인간의 생물체적 특성 2. 동물적 존재로서의 인간 3. 돌연변이로서의 인간

핵심 키워드에 대한 내용을 제시하는 방법은 위와 같이 다양합니다. 위의 방법에 따라 내용 구조를 선택하거나 또는 자신이 원하는 방식대로 논리적 구조를 작성할 수도 있습니다. 내용 구조를 작성한 후에는 위에서 배운 것과 같이 정리한 선행 연구들을 이용하여 내용을 작성해야 합니다.

과제 연구 핵심 키워드를 중심으로 내용을 정리하는 방법에 대해서 알아보았습니다. 이제 배웠던 내용을 바탕으로 다음 워크북으로 이동하여 과제 연구의 이론적 배경인 핵심 키워드의 내용을 작성하여 봅시다.

핵심 키워드 내용 정리하기

▶ 핵심 키워드와 연관된 선행 연구의 연구 목적, 본론 목차, 연구 결과를 조사해 봅시다.

핵심 키워드 :		
선행 연구 :		
연구 목적	본론 목차	연구 결과
선행 연구 :		
연구 목적	본론 목차	연구 결과

연구 문제 해결하기

　지금부터 핵심 키워드에 대한 내용을 정리한 것을 토대로 우리가 말하고 싶은 것을 제시하여야 합니다. 그동안의 연구 제목 작성, 연구 문제 작성, 연구의 필요성 및 목적, 핵심 키워드 내용 정리의 과정들은 요리 이름을 정하고, 조리 방법을 탐색, 자신의 요리 레시피를 작성, 요리의 식재료를 선별 및 정리, 조리하는 과정으로 비유할 수 있습니다. 지금의 연구 결과 제시는 만든 요리를 손님 앞에 내놓기 위해 접시에 담는 과정으로 볼 수 있습니다. '보기 좋은 떡이 먹기도 좋다.'는 속담처럼 우리의 과제 연구를 읽는 사람들이 이해하기 쉽도록 효과적으로 제시해야 합니다.

　지금부터 연구 결과를 쉽고 효과적으로 제시하는 방법에 대해 알아보도록 하겠습니다.

STEP 1　연구 문제에 따른 연구 결과 만들기

STEP 2　연구 결과를 나타낼 표, 그래프, 그림 제시하기

STEP 3　객관적 태도로 연구 결과 제시하기

연구 문제에 따른 연구 결과 만들기

연구 결과를 제시하기 위하여 가장 먼저 봐야 할 것은 자신이 작성한 과제 연구의 연구 문제입니다. 연구 문제에서 이야기한 것들을 연구 결과에 담아야 합니다. "전기자동차 특징과 관련 정책을 분석하여 활성화를 위한 방안을 제시하겠다."는 과제 연구의 연구 결과가 내연기관 자동차도 괜찮다는 식으로 제시되면 이상하겠지요?

이제 아래 학생의 예를 보면서 어떻게 연구 결과를 제시하고 있는지 확인해 보겠습니다.

연구 제목	통합 교육에 대한 인식의 문제점과 개선 방안
연구 문제	대부분의 선행 연구가 통합 학급의 교사들과 일반 학생들을 대상으로 통합 교육에 대한 인식 조사와 형식적인 해결 방법 제시에 그치고 있다. 따라서 본 연구자는 우리나라 통합 교육이 나아가야 할 방향을 구체적으로 제시하고자 통합 교육에 대한 기본적 개념과 인식을 조사하고 이를 통해 ① 문제점을 도출하여 ② 그에 따른 해결 방안을 제시하고자 한다. 김○○(2017). ○○고.
연구 목차	1. 통합 교육의 개념 2. 통합 교육에 대한 인식 　2.1 통합 학급 교사들의 통합 교육에 대한 인식 　2.2 통합 학급 일반 학생의 통합 교육에 대한 인식 3. 우리나라 통합 교육의 문제점 3.1 통합 교육에 대한 인식 부족(개념 이해 영역) ────── ❶ 3.2 장애 학생에 대한 통합 학급 교사와 학생의 부정적 인식(인식 영역) ─── ❷ 3.3 형식적인 장애 이해 교육(교육 영역) ────── ❸ 4. 우리나라 통합 교육 개선 방안 4.1 통합 교육에 대한 교육 강화 ────── ❹ 4.2 장애 인식 개선 교육 및 통합 교육 관련 연수 제공 ────── ❺ 4.3 장애 이해 교육 실시자인 교사에 대한 장애 이해 교육 강화 ─── ❻

위 학생은 통합 교육에 대한 문제점을 찾아 개선 방안을 제시한다는 연구 문제를 설정하였고, 목차에서 확인할 수 있듯이 문제점과 개선 방안이 연결되어 있다는 것을 확인할 수 있습니다.

목차에서는 ❶ 인식 부족을 해결하기 위한 ❹ 교육 강화, ❷ 부정적 인식 변화를 위한 ❺ 인식 개선 연수 제공, ❸ 형식적 교육에서 벗어나기 위한 ❻ 교사에 대한 교육 강화와 같이 문제점을 통해 개선 방안을 도출했습니다. 이러한 개선 방안 제시는 논리적입니다. 과제 연구에서 제시하지 않은 내용이나 문제점을 개선 방안으로 제시하는 것은 피해야 합니다.

또한 연구 결과는 한꺼번에 제시하는 것보다는 각 영역별을 나누어 다각적으로 제시하는 것이 좋습니다. 문제점의 경우 ❶ 개념 이해 영역, ❷ 인식 영역, ❸ 교육 영역으로 나뉘어 있습니다. 이를 나누지 않고 한꺼번에 문제점이라는 제목으로 제시한다면 읽는 사람은 이해하기 어려울 것입니다.

\ step 2 / 연구 결과를 나타낼 표, 그래프, 그림 제시하기

글을 보는 것보다 표, 그림을 보는 것이 이해가 빠르다는 것은 우리 친구들도 잘 알고 있는 사실입니다. 우리의 과제 연구 결과도 좀 더 빠른 이해를 통한 설명력을 높이기 위하여 표, 그래프, 그림 등을 적절하게 사용해야 합니다.

이제 다음 쪽의 학생의 예를 보면서 어떻게 연구 결과를 제시할 수 있는지 확인해 보겠습니다.

올바른 선택을 하기 위한 두 번째 방안은 인간의 행동 및 사고로 발생하는 가치를 판단하여 딜레마를 해결하여야 한다. 매슬로는 인간의 욕구를 5단계로 나누었다. 생리적 욕구(physiological needs), 안전과 신체적 보호 욕구(safety and security needs), 소속과 사랑의 욕구(belonging and love needs), 존중 욕구(esteem needs), 자아 실현 욕구(self-actualization needs)가 다섯 개의 욕구다. 이 다섯 개의 욕구는 피라미드형의 위계를 이루고 있다. 즉, 하위의 욕구가 충족되어야 상위의 욕구가 발생하고, 피라미드의 상층부로 이동할 수 있는 것이다. 생리적 욕구가 충족되면 안전해지고 싶다. 안전해지면 어느 집단에 소속되고 싶고 사회적 지위를 얻고 싶어 한다. 그 사회적 지위의 욕구까지 만족되면 그에 대한 자존감이 생기고 결국 자아실현의 욕구까지 발생하게 되는 것이다

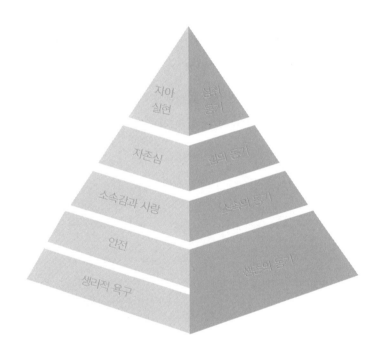

매슬로의 5단계 욕구론과 맥크릴랜드의 동기론(네이버지식백과, 2014)

강○○(2017). 올바른 선택의 방안에 대한 연구. ○○고.

위 학생은 딜레마의 상황에서 올바른 선택을 하기 위한 방안으로 자신의 행동과 사고를 통해 발생하는 가치를 반영하고자 하였고 이를 위하여 매슬로의 5단계 욕구론을 토대로 결과를 제시하고 있습니다. 위 학생의 과제 연구 결과는 글로만 보는 것보다 그

림을 통해 보면 더 쉽게 파악할 수 있습니다. 내용에서 강조해야 되는 부분에 대해 표나 그림을 제시하는 것은 이해를 돕고 연구 결과를 더욱 돋보이게 합니다.

\ Step 3 / 객관적 태도로 연구 결과 제시하기

우리는 과제 연구를 진행하는 전 과정에서 객관적인 태도를 유지해야 합니다. 결과를 제시할 때는 기존의 내용을 바탕으로 타인이 이해할 수 있도록 선행 연구들을 통해 알게 된 사실에 기반을 두어 자신의 주장을 제시해야 합니다.

이제 아래 학생의 예를 보면서 객관적 태도로 결과를 제시하는 방법을 알아보겠습니다.

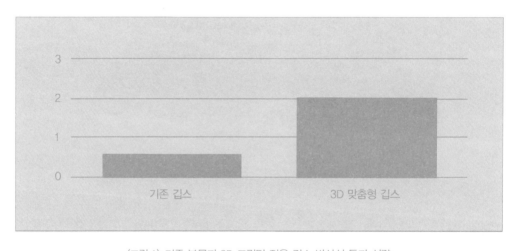

〈그림 1〉 기존 부목과 3D 프린팅 적용 깁스 방사선 투과 선량

선행 조사를 통해 〈그림 1〉과 같이 ① 부목에 대한 방사선 투과 선량은 0.5±.1mR이 투과된 반면에 3D 프린트로 출력된 맞춤형 깁스는 평균 2.±.1mR이 투과되어 약 4배 높은 투과율을 보인다는 것을 알 수 있다.

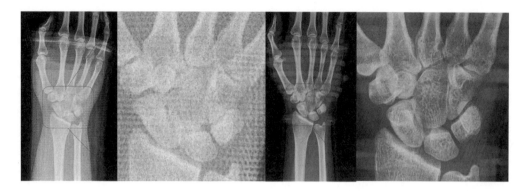

〈그림 2〉 기존 부목과 3D 프린팅 적용 깁스 방사선 영상(성열훈, 2014)

② 〈그림 2〉를 통해 3D 프린팅 기술의 향상은 이러한 방사선 투과율을 높일 것이며 부상자들의 치료율도 높아질 수 있다.

김○○(2017). 3D 프린팅을 적용한 깁스 치료 방안에 대한 연구. ○○고.

선행 연구에 제시되어 있는 기존 부목과 3D 프린팅 적용 깁스와의 방사선 투과 선량에 대한 ①의 문장은 내용에 따라 학생이 추가적으로 〈그림 1〉의 그래프로 작성하여 읽는 사람의 이해를 돕고 있습니다. 하지만 ②의 문장은 〈그림 1〉과 〈그림 2〉를 통해 방사선 투과 선량이 높아 우수한 영상이 가능하다고 제시해야 했지만 부상자들의 치료율이 높이질 것이라는 3D 프린팅 적용 깁스 대한 자신의 기대를 혼용하여 제시하였습니다.

〈그림 2〉는 〈그림 1〉의 높은 방사선 투과 선량으로 인한 우수한 영상이 가능하다는 것을 제시하는 것이기에 "〈그림 2〉를 통해 기존 부목보다 높은 투과율을 보이는 3D 프린팅 맞춤형 깁스는 기존 부목보다 우수한 영상을 제시하며 이를 통해 부상에 대한 정확한 진단과 치료가 가능할 것이다."로 수정해야 합니다.

과제 연구 문제를 해결하는 방법에 대해서 알아보았습니다. 이제 배운 내용을 바탕으로 다음 워크시트로 이동하여 과제 연구의 최종 결과물인 결과를 작성하여 봅시다.

연구 문제 해결하기

▶ STEP 1. 연구 문제에 따른 연구 결과를 제시해 봅시다.

나의 과제 연구 문제
❶
❷
❸
❹

나의 과제 연구 목차
I. 서론 II. 본론 1.   III. 결론 IV. 참고문헌

✓ RE-CHECK

과제 연구의 문제가 연구의 목차에 담겨져 있는지 한 번 더 확인해 보세요!

▶ STEP 2. 연구 결과를 나타낼 표, 그래프, 그림을 제시해 봅시다.

표	그래프	그림(사진)	기타
예 A의 현황을 나타내기 위한 통계표 등			

나의 과제 연구에 삽입할 표, 그림, 사진 등을 작성해 보고 과제 연구를 쓰기 전과 후에 비교하여 원하는 내용이 쉽게 제시되고 있는지 확인해 보세요!

\ 06 /
결론 작성하기

'결과'가 제기된 연구 문제의 답이라면 '결론'은 우리가 작성한 전체 과제 연구의 마무리 부분에 해당합니다. '우리가 진행한 연구가 얼마나 의미가 있는지', '과제 연구를 진행하면서 어려운 점이나 한계점은 없었는지', '앞으로 다른 사람이 우리의 연구 주제와 관련해 어떠한 연구를 진행해 주었으면 좋겠는지' 등을 적으며 마무리한다면 아주 깔끔하게 마칠 수 있겠지요?

그럼 지금부터 과제 연구의 마무~으리! 결론을 작성하는 방법을 알아보겠습니다.

STEP 1 나의 과제 연구의 요약 및 의의 표현하기
STEP 2 과제 연구의 한계점 및 후속 연구 제안하기

\step 1/ 나의 과제 연구의 요약 및 의의 표현하기

우리는 누구보다 열심히, 그리고 성실히 과제 연구를 진행하였기에 우리의 성과를 표현할 필요가 있습니다. 그럼 우리의 성과를 어떻게 표현할 수 있을까요? 아래 '글로벌 마케팅 개선 방안'에 대해 연구한 학생의 예를 보면서 확인해 보겠습니다.

> ❶ 마케팅이 국제화되는 시기에도 우리나라는 본사 중심의 광고 마케팅 경영과, 일반 소비자 혹은 여론 선도자에 초점을 둔 마케팅이 아닌 해외 바이어와 딜러를 타깃으로 설정함에 따라 메시지 전달에 있어서 부진을 겪고 있다.
> 세계적으로 제4차 산업혁명이 도래하는 시점에서 빅 데이터, IT 기술을 보유한 우리나라가 세계 시장을 점유할 가능성이 확보되고 있다. ❷ 본 연구는 앞으로의 4차 산업 시장에서 기술을 갖고 있는 국내 기업이 마케팅 때문에 낙후되지 않도록 국제 광고를 개선해야 한다고 제시한다. 또한 국내 다국적 기업의 광고 추세를 GDP와 연계하여 개선 필요성을 언급하고, STP나 3A와 같은 다양한 마케팅 전략을 소개할 뿐만 아니라 해외의 성공한 다국적 기업의 글로벌 마케팅 사례를 국내 기업의 상황에 적용하였다. ❸ 본 연구에서 제시한 성공 기업들의 핵심 대상의 설정과 마케팅 신기술 적용을 통해 국내 기업에 적용할 수 있는 방안을 제시한다는 점에서 의의가 있다.
>
> 정○○(2018). 국제 광고를 활용한 국내 글로벌 마케팅 개선 방안. ○○고.

결론의 '연구의 의의'를 잘 작성하기 위해서는 과제 연구의 전체적인 요약, 특히 연구 문제 중심으로 요약하여야 합니다. 위의 예시를 잘 읽어 본다면 아래와 같은 느낌이 들 것입니다.

"① 현재의 이런 문제점을 극복하기 위하여 ② 이러한 연구를 진행했고 ③ 내 과제 연구는 이러한 점에서 의미가 있다!"

그러면 어떻게 결론을 작성해야 할까요?

먼저 위 학생은 미래 산업 시장에서 국내 기업 마케팅의 발전을 위하여 기존 마케팅의 문제점을 지적하며 본 과제 연구를 하고 싶다고 서론에 제시하였습니다. 본 연구를 진행하는 데 있어 현재의 문제점을 간단히 적어 주는 것이 좋습니다.

두 번째, 우리가 설정한 연구 문제 중심으로 진행한 결과 부분을 요약해 주어야 합니다. 앞서 많은 내용을 한눈에 파악하기 쉽게 결과에서 더욱 핵심 부분만을 추려서 제시합니다. 세 번째, 위 두 가지를 토대로 본 연구의 의의를 도출해야 합니다.

"요즘 휴대전화의 과도한 사용량이 심각한 문제라고 하더라고. 그래서 내가 휴대전화에 사용 시간을 체크해 주는 애플리케이션을 만들어 봤어. 시간을 관리한다는 측면에서 참 좋은 앱이야." 요런 느낌적인 느낌?

\ step 2 / 과제 연구의 한계점 및 후속 연구 제안하기

우리는 "누구보다 빠르게, 남들과는 다르게" 과제 연구를 열심히 진행하였지만 부족한 부분이 있다는 것을 알고 있습니다. 부족하다고 해서 잘못된 것은 아닙니다. 이러한 진심 어린 태도는 우리의 과제 연구의 질을 높일 수 있는 것이지요.

과제 연구를 진행하면서 놓쳤던 부분은 분명히 다른 연구자들이 연구할 수 있는 좋은 기회가 될 수 있습니다. 아래 학생의 예를 보면서 방법을 알아보겠습니다.

결론 (한계점 및 후속 연구 제시)	전반적인 국내 다국적 기업의 해외 진출 사례를 많이 고려하지 못한 것이 본 연구의 한계점이다. 앞으로 행해지는 연구에서는 더 다양한 사례를 접하여 보다 정확한 통계를 내려는 접근이 행해져야 할 것이다. 더하여 본 연구에서는 국제 광고 개선을 위한 정부의 국가 이미지 제고를 중요하게 다루지 않았기에, 국내 국제 광고 동향·전망에 대한 정부의 구체적 태도와 이에 따른 정부의 국가 이미지 개선 방안을 고려하는 후속 연구도 제안해 본다. 정○○(2018). 국제 광고를 활용한 국내 글로벌 마케팅 개선 방안. ○○고.

위 학생은 앞서 "다양한 마케팅 전략을 소개할 뿐만 아니라 해외의 성공한 다국적 기업의 글로벌 마케팅 사례를 국내 기업의 상황에 적용하였다는 점에서 의의가 있다."라고 과제 연구의 의의를 제시하였습니다. 하지만 다국적 기업의 해외 진출 사례를 많이 고려하지 못하였고 통계에 대한 부족한 부분이 있다는 것을 한계점으로 제시하였습니다. 또한 정부의 국가 이미지 제고 부분에 대한 내용이 빠져 있기에 추후 연구에서 이 부분에 대한 연구가 진행되면 좋겠다는 이야기를 제시하고 있습니다.

본인의 연구에서 다루지 못했던 부분을 다음 연구자에게 양보하며 앞으로의 발전을 도모한다는 것이 너무 "어메이징, 판타스틱!" 하지 않은가요?

그럼 이제 과제 연구 마무리하러, Let's get it!

결론 작성하기

연구 과제 요약

연구의 의의

한계점

후속 연구 제안

\이/
연구 윤리 지키기

우리는 과제 연구를 통하여 우리가 관심 있는 분야에 대한 다양한 선행 연구를 찾아 읽고 우리가 세운 연구 문제를 중심으로 연구를 끝마쳤습니다. 이것은 전문 연구가들의 연구 행동과 크게 다를 바가 없기에 우리를 초보 연구자라고 부를 수 있습니다. 그렇다면 우리는 연구자로서 연구 윤리를 지켰을까요?

실제 연구자들은 연구를 하면서 우리가 보았던 선행 연구보다 훨씬 더 많은 연구들을 이용합니다. 그러면서도 다른 연구자의 연구 내용을 자신의 것처럼 함부로 가져다 쓰지 않습니다. 만약 그걸 지키지 않을 경우 이것을 우리는 '표절'이라고 합니다.

기초 연구 윤리, 참고 문헌 작성, 인용하기의 세 단계를 알고 있다면 우리는 완벽한 과제 연구를 진행했다고 할 수 있습니다. 자, 지금부터 과제 연구의 마지막 단계! 연구 윤리 지키기를 배워 볼까요?

STEP 1 연구 윤리 확인하기
STEP 2 참고 문헌 작성하기
STEP 3 인용과 표절 확인하기

연구 윤리 확인하기

연구 윤리는 연구를 수행하면서 지켜야 할 윤리입니다. 연구를 하면서 많은 선행 연구를 보았고 다양한 내용들이 우리가 만들어 온 과제 연구 결과물에 함께 수록되어 있습니다. 선행 연구들의 내용을 우리의 의도에 따라 새롭게 조직하고 이용할 수는 있지만 그들이 실시한 연구에 대해 예의를 다해야 합니다. 친구들에게 과제 연구를 가르치면서 연구 윤리를 위반한 몇 가지 사례가 있어 이를 소개하고자 합니다. 다음 친구들의 연구 윤리 위반 사례를 통해 어떻게 연구 윤리를 지켜야 할지 생각해 봅시다.

① 선행 연구의 내용을 인용 표시 없이 내 과제 연구에 붙여 넣었다.

② 선행 연구에 나와 있는 표, 그림, 그래프를 인용 표시 없이 내 과제 연구에 붙여 넣었다.

③ 내 과제 연구에 포함되지 않았지만 읽어 본 선행 연구를 참고 문헌에 넣었다.

④ 지식iN, TiP, 카페, 블로그의 자료를 내 과제 연구에 이용하였다.

⑤ 선행 연구의 연구 결과를 그대로 나의 연구 결과에 이용하였다.

⑥ 선행 연구에서 인용한 부분을 그대로 가져와서 내 과제 연구에 붙여 넣었다.

⑦ 참고 문헌 및 인용에 작성한 선행 연구의 저자, 제목, 연도, 페이지 등이 정확하지 않다.

⑧ 선행 연구에서 인용한 표, 그림, 그래프를 사용하면서 재인용 표시를 하지 않았다.

⑨ 친구와 비슷한 주제로 다른 과제 연구를 하면서 같은 자료를 쓰고 결론을 함께 냈다.

위의 사례들은 학교에서 자주 학생들이 위반하는 연구 윤리 사례들입니다. 우리가 진행한 과제 연구가 학술적 가치는 없을지라도 우리의 꿈과 미래를 준비하는 데 있어서는 중요한 연구일 수 있습니다. 우리는 초보 연구자로서 연구 윤리에 대한 인식을 가지고 인용, 참고 문헌 등의 기술을 통해 예의를 갖추고 선행 연구를 이용하는 방법을 알고 있어야 합니다.

저작권 & 연구 윤리 위반, 나도 혹시?

❶ 확인되지 않은 자료를 그냥 가져다 쓰는 경우

❷ 참고 문헌에 인용 문헌을 작성하지 않은 경우

❸ 선행 연구의 내용을 살짝만 바꾸는 경우

❹ 연구 결과를 조작한 경우

❺ 표나 그림을 출처 없이 사용한 경우

❻ 참고 문헌을 거짓으로 작성하는 경우

저작권(Copyright)

저작권이란 저작물을 창작한 저작자가 갖는 권리로, 저작자의 허락 없이 저작물을 사용하지 못하게 하는 배타적인 권리를 말합니다. 저작권에는 저작재산권, 저작인격권, 저작인접권이 있습니다. 저작재산권이란 저작자가 자신의 저작물로 경제적 이득을 얻을 수 있는 재산적인 권리를 뜻합니다. 저작인격권은 저작물이 사용되는 과정에서 저작자가 작품 속에 나타낸 창작 의도를 그대로 유지해야 한다는 권리입니다. 저작인접권은 저작자가 저작물을 남이 이용할 수 있도록 허락하는 권리입니다.

논문 표절 가이드라인 (교육인적자원부, 2008.2.22)

① 여섯 단어 이상의 연쇄 표현이 일치하는 경우

② 생각의 단위가 되는 명제 또는 데이터가 동일하거나 본질적으로 유사한 경우

③ 타인의 창작물을 자신의 것처럼 이용하는 경우

④ 남의 표현이라 아이디어를 출처 없이 쓰거나 창작성이 인정되지 않는 짜깁기

⑤ 연구 결과 조작 및 저작권 침해 가능성이 높은 저작물

표절 검사 방법 소개

연구윤리정보센터(www.cre.or.kr), 한국학술지인용색인(www.kci.go.kr), 카피킬러 홈페이지(www.copykiller.co.kr)를 통해 자신이 작성한 과제 연구나 소논문을 업로드하면 인용 및 참고 문헌에 대해 표절 여부를 확인하여 줍니다. 회원 가입 후 라이트 버전을 무료로 사용할 수 있습니다.

\ step 2 / 참고 문헌 작성하기

참고 문헌이란 본문을 작성에 참고한 자료의 서지 사항을 일정한 양식에 따라 논문 마지막 부분에 모아 놓은 선행 연구 목록을 뜻합니다. 참고 문헌을 적는 방식은 학회별, 학교별로 다양하게 존재합니다. 특정 참고 문헌 작성법을 따르는 것도 좋지만 우리 학생들이 좀 더 쉽고 빠르고 간단하게 참고 문헌을 작성할 수 있도록 아래와 같이(APA: 미국 심리학회) 참고 문헌을 작성하는 방법을 정리합니다.

단행본(도서)	저자명(출판 연도). 도서 제목. 출판 도시: 출판사.
	⑩ 백제헌, 유은혜, 이승민(2016). 고등학생 소논문 쓰기 워크북. 서울: 나무생각
학위 논문	저자명(출판 연도). 논문 제목. 학위 수준. 학위 수여 기관.
	⑩ 유은혜(2006). 디지털방송아카이브 구축 방안에 관한 연구. 석사학위 논문. 이화여자대학교 대학원 문헌정보학.
학술 논문	저자명(출판 연도). 논문 제목. 학회명, 권(호), 수록 페이지.
	⑩ 이승민, 이종욱(2017). 청소년의 정보 요구 해결을 위한 스마트폰 애플리케이션 이용 행태. 한국비블리아학회, 28(3), 175–196.
신문 자료	기자명(발행 연. 월. 일.). 기사 제목. 신문사명. 페이지 또는 〈사이트 주소〉.
	⑩ 홍주희(2018.9.18.). 남북 정상, 오후 3시 30분 첫 회담. 중앙일보. 〈https://news.joins.com/article/22980646〉
인터넷 자료	웹사이트명. 자료 제목. [검색 날짜]. 〈사이트 주소〉
	⑩ 교육부(2018). 유아 감염병 예방 위기 대응 매뉴얼. [2018.9.20.]. 〈www.moe.go.kr〉

이용한 모든 선행 연구들의 저자, 연도, 제목, 출판 사항(출판사, 수여 기관 등), 사이트 등을 따로 정리하여 추후에 참고 문헌 작성 양식에 맞춰 작성하거나 과제 연구를 진행하면서 참고한 자료들을 그때마다 작성할 수도 있습니다.

과제 연구를 진행하면서 선행 연구에 작성된 내용의 일부분을 정리하여 빌려 쓸 수 있습니다. 문장, 그림, 사진, 도표, 그래프를 그대로 가져오는 경우도 있고 문장의 경우 그 대로 가져오지 않고 작성자의 이해를 바탕으로 요약하여 문장을 재구성하는 경우도 있습니다. 전자의 경우를 '직접 인용', 후자의 경우를 '간접 인용'이라고 합니다. 또한 선행 연구에서 연구자가 직접 작성한 부분이 아니라 연구자가 인용한 부분을 과제 연구를 위해 다시 인용할 수도 있는데, 이를 '재인용'이라고 합니다.

직접 인용	저자명(연도) "인용 내용".

⑩ 남태우(2012)는 "책을 의미하는 'biblion'은 그리스어 'biblos'라는 낱말에서 유래되었으며 이 말 또한 'papyrus'에서 기원한다."고 하였다.

간접 인용	～다(저자, 연도).

⑩ 'papyrus'는 그리스어 'biblos'의 어원이며, 책을 의미하는 'biblion'은 'biblos'로부터 유래되었다(남태우, 2012).

재인용	～다(원저자, 연도: 인용한 저자, 연도에서 재인용).

⑩ 'papyrus'는 그리스어 'biblos'의 어원이며, 책을 의미하는 'biblion'은 'biblos'로부터 유래되었다 (남태우, 2012: 이승민, 2016에서 재인용).

혹시나 한 문단에서의 특정 문장만 인용할 경우는 3점 줄임표(…)로 필요 없는 부분을 생략하고 필요한 부분만 인용합니다.

간접 인용을 할 때는 반드시 원작자의 연구에 대한 의미를 변형하지 말아야 하며 간접 인용의 표시를 더하고 싶다면 맨 앞에 '○○○(저자명)에 따르면'이나 '○○○에 의하면'과 같은 표현을 더해 주어도 좋습니다.

재인용은 원작자의 선행 연구를 찾을 수 없는 상황일 때 작성합니다. 학생들이 작성한 과제 연구 결과물을 보면 외국 문헌을 재인용하는 경우를 손쉽게 찾아볼 수 있습니다. 찾아보지 않고 바로 재인용을 하기보다는 외국의 선행 연구라도 검색이 가능하다면 들어가서 한 번쯤은 보는 습관을 길러야 할 것입니다.

인용을 많이 한다고 해서 과제 연구의 질이 떨어지는 것은 아닙니다. 자신이 원하는 부분에 있어 적절한 인용은 과제 연구의 질을 더욱 높일 수 있습니다.

인용과 참고 문헌을 모두 작성하였다면 작성한 과제 연구의 표절 여부를 확인하기 위하여 카피킬러(www.copykiller.co.kr)를 통하여 표절 검사를 실시할 수 있습니다.

과제 연구의 최종 마무리! 연구 윤리를 지키는 방법에 대해서 알아보았습니다. 이제 배웠던 내용을 바탕으로 다음 워크시트로 이동하여 연구 윤리를 지키는 방법에 대한 연습을 해봅시다.

연구 윤리 지키기

▶ STEP 1. 연구를 진행하면서 혹시 비윤리적 연구 수행이 있지는 않았는지 확인(∨)하여 봅시다. (∨가 하나도 없다면 당신은 완벽한 연구자!)

☐ 선행 연구의 내용을 인용 표시 없이 내 과제 연구에 붙여 넣었다.

☐ 선행 연구에 나와 있는 표, 그림, 그래프를 인용 표시 없이 내 과제 연구에 붙여 넣었다.

☐ 내 과제 연구에 포함되지 않았지만 읽어 본 선행 연구를 참고 문헌에 넣었다.

☐ 지식iN, Tip, 카페, 블로그의 자료를 내 과제 연구에 이용하였다.

☐ 선행 연구의 연구 결과를 그대로 나의 연구 결과에 이용하였다.

☐ 선행 연구에서 인용한 부분을 그대로 가져와서 내 과제 연구에 붙여 넣었다.

☐ 참고 문헌 및 인용에 작성한 선행 연구의 저자, 제목, 연도, 페이지 등이 정확하지 않다.

☐ 선행 연구에서 인용한 표, 그림, 그래프를 인용하면서 재인용 표시를 하지 않았다.

☐ 친구와 비슷한 주제로 다른 과제 연구를 하면서 같은 자료를 쓰고 결론을 함께 냈다.

▶ STEP 2. 참고한 문헌을 작성 양식에 따라 아래에 정리하여 봅시다.

문헌 종류	참고 문헌
단행본	저자명(출판 연도). 도서 제목. 출판 도시 : 출판사.
논문 자료 (학위 논문)	저자명(출판 연도). 논문 제목. 학위 수준. 학위 수여 기관.
논문 자료 (학술지)	저자명(출판 연도). 논문 제목. 학회명, 권(호), 수록 페이지.

신문 자료 (인터넷 신문 포함)	기자명(발행 연. 월. 일). 기사 제목. 신문사 제목. 페이지 또는 〈사이트 주소〉.
인터넷 자료	웹사이트명. 자료 제목. [검색 날짜]. 〈사이트 주소〉

√ RE-CHECK

나의 과제 연구에 인용한 선행 연구는 참고 문헌에 꼭 넣어 주세요.

📑 참고 문헌 작성법

<table>
<tr><th colspan="3"></th><th colspan="2">저자명(출판 연도). 도서 제목. 출판 도시: 출판사.</th></tr>
<tr><td rowspan="14">단
행
본</td><td rowspan="6">저자수</td><td rowspan="2">단독 저자</td><td colspan="2">저자가 한 명인 경우</td></tr>
<tr><td colspan="2">김영호(2015). 열 살에 꼭 알아야 할 한국사. 서울: 나무생각.</td></tr>
<tr><td rowspan="2">다수 저자</td><td colspan="2">저자 수가 두 명 이상인 경우, 저자 사이에 쉼표(,) 삽입</td></tr>
<tr><td colspan="2">백제헌, 유은혜, 이승민(2016). 고등학생 소논문 쓰기 워크북. 서울: 나무생각.</td></tr>
<tr><td rowspan="2">단체 저자</td><td colspan="2">저자가 단체인 경우, 저자명에 단체명을 표기</td></tr>
<tr><td colspan="2">한국심리학회(1996). 한국심리학회 50년사. 서울: 교육과학사.</td></tr>
<tr><td rowspan="6">저자, 편집
자, 번역자</td><td rowspan="2">저자 없이
편집자가
있는 도서</td><td colspan="2">저자 뒤에 (편)을 표기</td></tr>
<tr><td colspan="2">수전 케네디(편)(2014). 우리가 지금껏 보지 못했던 20세기 역사. 서울: 지식갤러리.</td></tr>
<tr><td rowspan="4">저자와
번역자가
있는 도서</td><td colspan="2">원저자명을 쓰고 뒤에 번역판 출판 연도를 괄호 안에 표기, 번역서명 뒤에 (역자)를 표기</td></tr>
<tr><td colspan="2">미국심리학회(2013). APA 논문작성법(강진령 역). 서울: 학지사. (원서출판 2010).</td></tr>
<tr><td colspan="2" rowspan="2"></td><td colspan="2"></td></tr>
<tr><td colspan="2"></td></tr>
<tr><td colspan="2" rowspan="2">여러 권으로 된 도서</td><td colspan="2">권수가 많은 도서의 경우 표제 뒤에 해당 권수 표기</td></tr>
<tr><td colspan="2">Rowling, J. K.(2002). 해리 포터와 불의 잔(Vol.4.). 서울: 문학수첩.</td></tr>
<tr><td colspan="3" rowspan="2">학위 논문</td><td colspan="2">저자명(출판 연도). 논문 제목. 학위 수준. 학위 수여 기관.</td></tr>
<tr><td colspan="2">소병문(2007). 15세기 국어 수사 의문문 연구. 석사학위 논문. 한국학중앙연구원 한국학대학원 국어학.</td></tr>
<tr><td colspan="3" rowspan="2">학술 논문</td><td colspan="2">저자명(출판 연도). 논문 제목. 학회명, 권(호), 수록 페이지.</td></tr>
<tr><td colspan="2">이정미(2015). 도서관에 대한 인식과 정보 이용 분석 연구. 한국비블리아학회, 26(3), 291–314.</td></tr>
<tr><td colspan="3" rowspan="2">인터넷</td><td colspan="2">웹사이트명. 자료 제목. [검색 날짜]. 〈사이트 주소〉</td></tr>
<tr><td colspan="2">교육부(2015). 2015 주요 정책 과제. [2015.11.11.]. 〈http://www.moe.go.kr〉</td></tr>
<tr><td colspan="3" rowspan="2">신문</td><td colspan="2">기자명(발행 연.월.일). 기사 제목. 신문사명, 페이지.</td></tr>
<tr><td colspan="2">정원엽(2015.11.4.). 중국–대만 첫 정상회담. 중앙일보, p.1.</td></tr>
<tr><td colspan="3" rowspan="2">법률 정보원</td><td>법률명, 법률 번호(법률 제정 연도).</td><td>법률 제목과 법률 번호 유의</td></tr>
<tr><td colspan="2">학교도서관진흥법, 법률 제11690호(2013).</td></tr>
<tr><td colspan="3" rowspan="2">사전, 백과사전</td><td>출판자(출판 연도). 사전 이름: 권. 출판자: 출판사.</td><td>일반 도서와 같으나 저자, 편집자, 권수에 유의</td></tr>
<tr><td colspan="2">웅진씽크빅(편)(2009). 21세기 웅진학습백과사전: 16. 서울: 웅진씽크빅.</td></tr>
<tr><td colspan="3" rowspan="2">정부 간행물</td><td>기관(출판 연도). 자료 제목. 출판지: 출판사.</td><td>단행본과 같이 기술</td></tr>
<tr><td colspan="2">국가기록원(2009). 이것만 알면 기록 관리 기초 튼튼! 기록 관리 길라잡이. 대전: 국가기록원.</td></tr>
<tr><td colspan="3" rowspan="2">기술·연구 보고서</td><td>저자명(출판 연도). 자료 제목(보고서 번호). 출판지: 출판사.</td><td>연구 보고서를 배정했을 경우, 제목 뒤 소괄호 안에 넣어 표기</td></tr>
<tr><td colspan="2">이호영, 조성은(2015). 글로벌 시대 소셜 미디어와 디지털 문화 정책의 미래(기본연구 14–15–02). 서울: 정보통신정책연구원.</td></tr>
</table>

\ 08 /
과제 연구 발표하기

이제 과제 연구를 끝냈으니 친구와 선생님들 앞에서 멋지게 발표할 시간이 남았네요! 어떻게 해야 그동안 열심히 노력한 결과물들을 스웨그 넘치게, 멋지게 발표할 수 있을까요? 지금부터 그 방법을 알아보도록 하겠습니다.

STEP 1 과제 연구 발표 구성하기
STEP 2 예상 질문 예측하기

\ step 1 / 과제 연구 발표 구성하기

먼저 학교에서 개인에게 발표할 수 있는 시간이 얼마나 주어졌는지 확인해야 합니다. 그 시간에 따라 발표 내용과 양이 달라지겠지요? 이 글을 쓰고 있는 선생님들의 학교에서는 학생들에게 과제 연구를 발표할 시간을 5~10분 정도 부여합니다. 개인에 따라 양이 다르겠지만 보통 PPT(파워포인트) 기준으로 5매 내외를 학생들이 준비하곤 합니다.

그렇다면 내용은 어떤 것들이 들어가야 잘 전달될 수 있을까요? 그것이 바로 과제 연구 발표를 구성해야 하는 이유입니다. 어려울 것 같다고요? 너무 걱정하지 마세요. 이미 우린 연구를 마쳤으니까요. 자신감을 가지세요!

먼저 과제 연구를 발표할 때는 이 연구를 왜 진행하게 되었는가에 대한 연구의 배경(동기)을 이야기해야 합니다. 발표를 하는 우리 자신에게는 익숙하지만 듣는 사람들은 생소하고 무슨 내용인지 잘 모를 수 있습니다. 또한 사람마다 관심사가 달라 재미가 없고 어렵게 느껴질 수도 있어요. 그렇기 때문에 상대방에게 연구의 동기를 잘 전달해 '이거(과제 연구 주제) 진짜 재밌다~ 완전 흥미로워!'라는 생각이 들도록 만들어야 합니다.

연구 배경 및 필요성

- 학생들이 수업에 대한 관심이 적음
- 사회에서는 사람들과 협력하고 대화하며 함께 일할 수 있는 인재를 필요로 함
- 학교 교육은 전통적인 수업 방식에서 벗어나 학생들이 의사 소통 능력, 사고 능력, 협동력 등을 기를 수 있게 교육해야 함

01. 연구 동기

- 올해 봄에 새로 오신 보건 선생님께서 우리 학교 학생들이 감기에 잘 걸리는 것을 보시고는 인플루엔자와 같은 감염병을 조심해야 한다고 말씀하셨다.
- 감염병을 막는 가장 좋은 방법은 손 씻기라고 배웠는데…
- 과연 그렇다면 우리 학교 학생들은 손 씻기를 얼마나 잘할까?
- 우리 학교 화장실은 손 씻기 좋은 환경인가?
- 이러한 궁금증이 생겨서 우리 학교의 화장실 환경을 조사하고 학생들의 손 씻기에 대한 지식, 태도가 실천에 영향을 미치는지 알아보자는 주제로 연구를 진행하기로 했다.

상대방에게 내 생각을 전달하기 위해서는 왜 연구를 진행하였는지 연구의 배경뿐만 아니라 관련된 사실도 알려 줘야 합니다. 듣는 사람들은 내가 그토록 자료를 찾고 정리했던 과제 연구에 대해 잘 모르기 때문이죠.

조금 모르는 것이 아니라 대부분 생소할 정도로 많이 모를 겁니다. 그렇기 때문에 과제 연구와 관련된 간단한 정보(이론적 배경에서의 정의, 특징, 현황 등)를 제시하고 이것이 왜 문제이고 해결해야 하는 부분인지 생각을 제시해야 합니다.

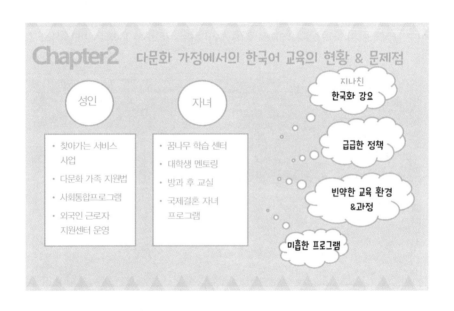

자, 이제 마지막! 내가 그토록 연구해 왔던 과제의 최종 꽃! 연구의 결과를 제시해야 합니다. 듣는 사람이 우리의 과제 연구를 최대한 쉽게 이해할 수 있도록 표, 그림, 사진 등의 다양한 자료를 이용하는 것이 좋습니다.

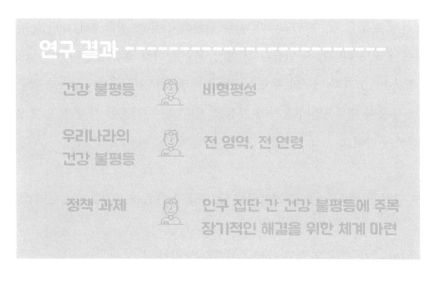

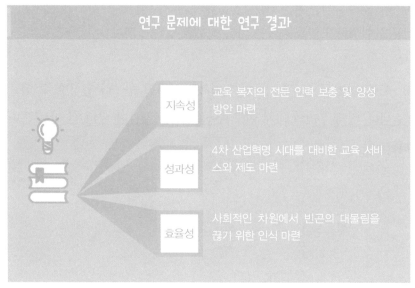

예상 질문 예측하기

우리가 연구한 주제에 대해 잘 모르는 친구들과 선생님들은 열심히 준비해 온 우리에게 여러 가지 질문을 할 수 있습니다. 이때 당황하지 않고, 침착하게, 대답을 미리 준비해 온 듯이 우리도 대답할 수 있습니다! 예상 질문을 미리 생각해 본다면 가능합니다!

예상 질문은 ① 과제 연구의 주제, ② 연구 방법, ③ 연구 결과, ④ 과제 연구의 소감 등에 대한 내용이 대부분입니다. 누가 가장 잘 알까요? 여러분이 가장 잘 알고 있습니다. 너무 긴장하지 마세요.

그래도 떨린다면 마음속으로 기억해야 할 가장 중요한 세 가지를 말씀드리겠습니다.

❶ 여기서 내가 제일 잘 알고 있으니 자신감을 갖자.
❷ 모르는 건 모른다고 대답하자.
❸ 질문을 이해하기 힘들 때에는 다시 질문해 달라고 하자.

어때요. 어렵지 않죠? 이 세 가지만 기억하고 있다면 누구나 인정할 수 있는 발표가 될 수 있습니다. 이제 우리의 과제 연구 부심을 부릴 시간이 왔네요! 발표 준비를 시작해 봅시다!

과제 연구 발표하기

발표 내용 ☐ 연구 배경 ☐ 연구 문제 ☐ 핵심 선행 연구 ☐ 연구 결과	
예상 질문	

✓ RE-CHECK

말하고자 하는 내용이 발표에 들어갔는지 한 번 더 Check it!

과제 연구 평가하기

과제 연구가 끝났다면 이제 마지막으로 평가가 남았습니다.

평가라고 하면 부담을 가질 수 있지만 우리에게 평가는 과제 연구를 스스로 평가하고, 나와 친구들이 쓴 과제 연구의 결과물을 서로 바라보면서 더 나은 과제 연구를 위한 발판을 마련할 수 있는 시간입니다.

천천히, 그리고 차분히 나아가는 우리들!

과제 연구를 하느라 고생 많으셨습니다.

앞으로 더 나은 미래! 기대하겠습니다.

따끔한 충고뿐만 아니라 서로에게, 그리고 나 자신에게 칭찬하는 말도 함께 적어 우리의 과제 연구를 아름답게 마무리하는 건 어떨까요?

그럼 이제 즐거운 평가 시간을 가져 볼까요?

Let's Finish it!

과제 연구 평가하기

연구 제목			이름	
완성도	전체적 구성도	목차, 서론, 이론적 배경, 참고 문헌 등	☐상☐중☐하	
	주제의 적절성	수준 및 진로 적합성 정도	☐상☐중☐하	
	정확성	문헌 자료의 정확한 인용	☐상☐중☐하	
	이해도	과제 연구에 대한 학생의 이해 정도	☐상☐중☐하	
	논리성	객관적이고 일관성 있는 전개	☐상☐중☐하	
	창의성	주제에 대해 새롭게 알게 된 정도	☐상☐중☐하	
발표	발표 준비	발표 자료 수준	☐상☐중☐하	
	발표 태도	발표자의 태도 및 자신감	☐상☐중☐하	
	질의응답	질의응답 정도	☐상☐중☐하	
총평		과제 연구자에게 해 주고 싶은 말		

친구들의 이야기

😊 자료를 정리하고 분류한 것을 바탕으로 글을 쓰니까 그 후로는 많은 어려움이 없었다. 글을 써 내려가는 과정은 재밌었다. 내가 직접 탐구하고 많은 자료를 참고해 가며 쓰니 더 뜻깊었고 이 주제에 대해 전문가가 된 기분도 들었다. 글쓰기 실력에 자신이 없었던 나는 문장을 만들고 끝마치는 부분이 어려웠기는 했지만 한 문장, 한 문장씩 쓰면서 극복해 나간 것 같다.

....

😃 과제 연구를 작성하는 과정이 전부 처음이다 보니 초안부터 마지막까지 정말 진땀을 뺐다. 자료를 선정하는 것에서부터 내가 세운 가설과 정반대인 자료가 도출되기도 하고, 기록해 두었던 출처가 사라지기도 하고, 무엇보다 각주를 달고 그림을 편집하는 등 컴퓨터를 잘 다루지 못해서 애를 먹었다. 나는 글을 쓸 때 시간이 많이 걸리는 편인데, 소논문을 쓸 때는 더 오래 걸렸던 것 같다.

....

😊 원래 글쓰기를 좋아하는 편이었지만, 논증적 글쓰기는 조금 달랐다. 내 생각을 담아 주관적인 글을 쓴다는 점과 동시에 사실성과 객관성도 갖추어야 했다. 새로운 형태의 글을 써 보는 것이어서 굉장히 어렵기도 했다. 하지만 선행 연구들을 조사하고 자료들을 모으며 가지고 있는 정보가 늘어났고, 그렇게 되니 자연스럽게 내 문장으로 글을 풀어 낼 수 있게 되었다. 자료를 모아 본격적으로 첫 문장을 써 내려가기 시작했을 때의 떨림과 설렘이 지금도 생생하다.

....

☺ 서론까지는 나름 순탄했던 것 같다. 제일 마지막 문장이 고역이었지만, 나름대로 괜찮았다. 하지만 본론을 시작하면서 나는 내가 과제 연구를 너무 만만하게 보고 있었다는 것을 깨달았다. 평소 비문학에 비해 문학 작품을 더 많이 읽던 나에게 객관적인 사실만 뚝뚝하게 늘어놓는 과제 연구는 생각보다 쓰러뜨리기 힘든 벽이었다. 최대한 객관적인 입장에서 객관적으로 쓰려고 노력했다. 하고 싶은 말은 분명 많았는데, 그것이 대부분 감정적인 이야기들임을 깨달았다.

☺ 글쓰기가 쉬운 일은 아니라고 늘 생각했다. 하지만 이렇게 힘들고 시간이 오래 걸리는 글쓰기는 단연 처음이었다. 더운 여름날, 국회도서관이며 국립중앙도서관에 직접 찾아가 원문을 읽고 정보를 스크랩하며 느꼈던 첫 수업의 뿌듯함을 에너지로 지금까지 달려온 것 같다.

☺ 체계적인 글쓰기인 만큼 지켜야 하는 양식들도 굉장히 많아 힘들었지만, 선생님의 조언을 참고하며 꽤 탄탄한 문장을 써 내려갔고 그러면서도 어렵지 않게 서술하고자 노력했다. 또한 보통 내가 써 왔던 글들은 감상문이나 짧은 산문 종류의 온전한 창작물이어서 출처를 밝힐 일이 거의 없었는데, 이번 기회에 올바르게 출처를 기입하는 방법을 배운 덕분에 새로운 분야에도 도움이 되는 한 발짝을 뗀 것 같다.

☺ 지금까지 살면서 하나의 글을 붙잡고 이렇게 오랫동안 고민하며 초안을 쓰고, 고치기를 반복했던 적은 거의 없었던 것 같다. 특히 국회도서관, 국립중앙도서관 등을 직접 찾아가거나 DBpia 등을 통해 기존의 논문들을 읽고 나의 과제 연구에 인용해 출처를 밝히는 과정은 내 글쓰기 습관 자체를 되돌아볼 수 있었던 의미 있는 경험이었다. 그동안 글을 쓸 때는 대부분 출처가 정확하지 않은 자료를 사용하거나 출처를 밝히더라도 뒤에 사이트 주소 한 줄만 적는 게 다였는데, 이번 소논문 쓰기를 통해서 전문적인 글은 어떻게 써야 하는지에 대해 많은 부분을 배울 수 있었다.

☻ 과제 연구를 하면서 내용적인 부분만이 아니라 자료의 활용 방법도 많이 배운 것 같다. 자료를 찾는다면 인터넷 백과사전이나 뉴스 정도가 전부였던 전에 비해 더 넓은 방법을 활용할 수 있다는 것을 배웠고, 자료를 인용할 때는 어떤 방식으로 하는지에 대해서도 구체적으로 알 수 있었다. 내용 조직 과정뿐 아니라 논문이나 글을 쓸 때 필요한 여러 과정을 배운 것도 과제 연구 작업의 또 다른 의미 있는 점이 아닐까 싶다.

☺ 논문 작성 기간 내내 나 자신을 채워 나가는 기분이었다. 나중에 대학에 진학해 공부하고자 하는 분야를 대학 진학 전에 미리 전문적으로 익힐 수 있는 초석이 되었고, 앞으로 대학에서 사회학 분야를 공부하고 싶다는 나의 의지를 더욱 확고히 할 수 있었다. 누구는 대학을 진학해서야 경험해 보는 일을 고등학교 때 미리 나의 관심 분야로 과제 연구를 작성할 수 있는 기회가 있었다는 것 자체에 나는 굉장히 운이 좋은 사람이라고 생각했다.

😀 쓰는 과정에서 힘들고 괴로운 만큼 완성했을 때의 뿌듯함과 깨달음이 많은 것이 바로 이 '과제 연구 쓰기'이다. 내 후배들이 과제 연구를 할 때, 그 과정에서 포기하고 싶더라도 끝까지 붙잡고 늘어지라고 말해 주고 싶다. 끝없는 뫼비우스의 띠 위를 달리는 기분이 들지도 모르지만 포기하지 않고 긴 마라톤을 완주한다면, 마지막에는 조금 더 성장한 자신을 볼 수 있을 것이라 확신한다.

😊 작년보다 선행 연구가 많아서 자료를 찾으면서 나도 많은 정보를 습득할 수 있었다. 이를 이용해 과제 연구를 작성하면서 정보 정리도 잘되었다. 무엇보다 수업 시간에 배우는 단순한 암기식의 정보가 아니라 내 진로와 관련이 있고 호기심 있는 연구를 할 수 있어서 좋은 경험이었다.

😃 친구들이 관심 있어 하는 분야에 대해 알아볼 수 있었다. 특히 내가 몰랐던 분야에 대한 새로운 개념들을 친구들의 연구 발표를 통해 알 수 있어서 흥미로웠다. 각 개인이 연구 주제를 선정해서 열심히 탐구하고 자신 나름대로의 의견을 말하며 과제 연구를 차근차근 써 가는 모습이 멋있었다.

😊 다른 친구들의 과제 연구 결과물을 읽어 보며 심사를 준비하고 친구들로부터 심사를 받는 것도 새로운 경험이었다. 친구들이 얼마나 노력했는지 알기에 오히려 더 꼼꼼하게 심사했고, 나 또한 친구들의 도움이 있었기에 더욱 완성도 높은 결과물을 완성할 수 있었던 것 같다.

· ·

😊 친구들과 함께 과제 연구를 작성하며 각자의 관심사에 대해서 알게 되었고, 친구들의 관심사에 대한 정보 역시 알게 되어 더욱 좋았던 것 같다. 발표할 때도 많이 떨렸지만 친구들의 진심 어린 충고가 나의 오류 수정이나 발전에 큰 도움이 되었다. 이 도전이 나에게 앞으로 내 꿈을 향해 어떤 노력을 더하고, 어떤 방향으로 나아갈지, 또 나중에 드라마 PD가 되면 어떻게 드라마를 만들지에 대해 깊게 고민해 보는 기회가 되었다.

· ·

😊 글쓰기에 점점 속도가 붙어 과제 연구를 마무리하고, 친구들 앞에서 심사를 받았을 때에는 날카로운 심사에 완성이라고 생각한 글에서 미처 보지 못한 오류를 많이 찾게 되어 조금 민망하고 당황스럽기도 했다. 그래도 친구들이 내 결과물을 꼼꼼히 읽어 주고 평가를 위해 노력했다는 것을 알았기에 오류 수정을 할 수 있도록 도와준 친구들에게 고마웠다.

· ·

😊 친구들의 과제 연구 결과물을 다 같이 심사하고 내 결과물을 심사받는 것도 뜻 깊은 경험이었다. 친구들의 결과물을 읽으면서 보충했으면 하는 부분, 고쳤으면 하는 부분을 준비하고 서로 질문하면서 나에게 많은 도움이 되었고, 친구들에게도 많은 도움이 된 시간이었다. 심사를 통해 더욱 더 완성도 높은 과제 연구가 나올 수 있었 다고 생각한다.

😄 과제 연구가 얼추 완성되고 가장 의미 있었던 일은 내가 직접 하고 친구들로부터 직접 받는 상호 첨삭이었다. 내가 맡은 친구들의 논문을 프린트해서 작은 오타 하나 하나부터 편집상 오류, 논리적인 전개의 문제까지 세세하게 찾아내 친구들에게 알려 주었다. 또 내 과제 연구 첨삭을 맡은 친구들이 나에게 이런저런 조언과 오류를 말해 주었는데, 내가 내 과제 연구를 읽고 수정을 반복했는데도 찾아내지 못한 오류들을 친구들이 찾아 주었을 때는 정말 고마웠다. 친구들의 도움이 있었기에 완성도 높게 과제 연구를 마무리할 수 있었던 것 같다.

부록

과제 연구 수업
운영 계획 사례

*

과제 연구 수업
후기 서식

*

과제 연구 대회
운영 사례

▪ 과제 연구 수업 운영 계획 사례

90분 12차시 수업	50분 16차시 수업	학습 주제	활동 내용	단원명
1	1	진로 탐색하며 과제 연구 핵심 키워드 찾기	1. 과제 연구로 진로 탐색을 할 수 있어! STEP 1 진로정보망 커리어넷 방문하기 STEP 2 서울진로진학정보센터 방문하기 STEP 3 워크넷 방문하기 STEP 4 대학알리미 방문하기	1부 우리의 꿈과 끼를 과제 연구로 찾아볼까?
	2	진로 분야를 탐색하며 핵심 키워드 찾기	2. 과제 연구로 진로 탐색을 시작해 볼까?	
2	3	선행 연구 탐색 전략 세우기	1. 왜 선행 연구에 주목해야 할까? STEP 1 핵심 키워드로 선행 연구를 탐색하여 주제 선정하기 STEP 2 선행 연구를 공부하며 배경지식 쌓기 STEP 3 선행 연구를 찾아보며 연구 목적 세우기 2. 선행 연구는 어떻게 찾을까? STEP 1 정보 검색 방법 익히기 STEP 2 주요 핵심 정보원 확인하기	2부 선행 연구로 과제 연구를 준비해 볼까?
3	4	선행 연구 읽기	1. 선행 연구 읽기 STEP 1 선행 연구의 제목, 초록, 목차, 참고 문헌 중심으로 살펴보기 STEP 2 서론에서 연구의 필요성 및 목적, 연구 방향 찾아보기 STEP 3 본론에서 이론적 배경, 연구 방법 눈여겨보기 STEP 4 선행 연구 결과를 다른 자료와 비교, 검토하기 STEP 5 선행 연구의 한계점이나 후속 연구 분야에 대해 살펴보기	3부 선행 연구를 제대로 읽고 분석하는 방법은 뭘까?
	5	선행 연구 평가하여 정리하기	2. 선행 연구 평가하기 STEP 1 저자의 저명도 및 발행 기관의 인지도 검토하기 STEP 2 선행 연구의 최신성 여부 고려하기 STEP 3 선행 연구의 신뢰도 검토하기 3. 선행 연구 정리하기 STEP 1 주제와의 적합성 여부를 판단하여 카드나 폴더로 정리하기 STEP 2 자료 유형에 따라 서지 정보 기록하기 STEP 3 과제 연구 목차에 따라 인용할 자료 배치하기	
4	6	선행 연구 평가하여 정리하기	4. 연구 목차 중심으로 자료 분석하기 STEP 1 A의 개념 정리하기	

5	7	A의 문제 현황 및 실태 조사하기	4. 연구 목차 중심으로 자료 분석하기 STEP 2 A의 문제 현황 및 실태 조사하기	
6	8	A의 문제점 찾기	4. 연구 목차 중심으로 자료 분석하기 STEP 3 A의 문제점 찾기	
7	9	A의 문제점 해결 위한 우수 사례 찾기	4. 연구 목차 중심으로 자료 분석하기 STEP 4 A의 문제점을 해결한 우수 사례 찾기	
8	10	A의 문제점의 개선 방안 제시하기	4. 연구 목차 중심으로 자료 분석하기 STEP 5 A의 문제점의 개선 방안 제시하기	
9	11	연구 제목 작성하기	1. 연구 제목 정하기 STEP 1 핵심 키워드를 생각하기 STEP 2 간결하고 명확하게 제시하기 STEP 3 선행 연구의 제목을 참고하기	4부 핵심 비법으로 과제 연구를 완성해 볼까?
	12	I. 서론 작성하기	2. 연구의 필요성과 목적 기술하기 STEP 1 연구의 배경 및 필요성 작성하기 STEP 2 연구 목적 작성하기 3. 연구 문제 작성하기 STEP 1 선행 연구에서 연구 문제 기술 방법 조사하기 STEP 2 연구 문제 기술하기	
10	13	II. 본론 1. 이론적 배경 작성하기	4. 핵심 키워드의 내용 정리하기 STEP 1 핵심 키워드와 연관된 선행 연구 정리하기 STEP 2 핵심 키워드의 개념, 특징, 통계 등을 조사하기 STEP 3 핵심 키워드 내용 정리 구조 작성하기	
	14	II. 본론의 연구 결과 작성하기	5. 연구 문제 해결하기 STEP 1 연구 문제에 따른 연구 결과 만들기 STEP 2 연구 결과를 나타낼 표, 그래프, 그림 제시하기 STEP 3 객관적 태도로 연구 결과 제시하기	
11	15	III. 결론 IV. 참고 문헌 작성하기	6. 결론 작성하기 STEP 1 나의 과제 연구의 요약 및 의의 표현하기 STEP 2 과제 연구의 한계점 및 후속 연구 제안하기 7. 연구 윤리 지키기 STEP 1 연구 윤리 확인하기 STEP 2 참고 문헌 작성하기 STEP 3 인용과 표절 확인하기	
12	16	발표 및 평가	8. 과제 연구 발표하기 STEP 1 과제 연구 발표 구성하기 STEP 2 예상 질문 예측하기 9. 과제 연구 평가하기	

■ 과제 연구 수업 후기 서식

과제 연구 수업 후기	
학번 / 이름	
연구 문제에 호기심을 가졌던 이유	
가장 인상적이었던 선행 연구 자료	
과제 연구를 하며 흥미로웠던 것	
친구들의 연구 내용을 보며 흥미로웠던 것	

과제 연구 대회 운영 계획

가. 목적

○ 자신의 꿈과 끼를 키우기 위한 기회 마련

○ 학생들의 창의적이고 비판적인 사고력과 논리적인 표현력 신장

○ 스스로 문제를 정의하고 분석, 표현하는 자기주도적 학습 능력 신장

○ 다양한 지식과 정보 재구성을 통한 합리적인 문제 해결력 신장

나. 운영 방침

○ 참가 지원 대상 : 본교 재학생

○ 과제 연구 성격 : 충분한 선행 연구 분석 중심으로 작성된 문헌 연구

○ 참가 신청 방법 : 첨부된 〈서식 1〉 연구 계획서를 작성하여 제출

○ 과제 연구 심사 기준 : 연구 능력 수준을 겨루는 대회가 아니라 학생들의 창의적
이고 주도적인 연구 수행을 독려하여 연구에 대한 관심을 고취시키고 연구 능력
신장의 기회를 제공하고자 합니다. 따라서 연구 주제에 대한 학생의 고유한 흥미,
연구 과정 전반에 나타나는 학생들의 자발성, 주도성 및 창의성이 중요한 심사의
기준입니다.

세부 일정	내용
6월 중	공지
6월 중	OT 주제 1. 개인 과제 연구 대회 규정 및 일정 안내 주제 2. 연구 계획서 작성 방법 및 사례 소개
7월 기말고사 후	〈서식 1〉 연구 계획서를 작성하여 제출
7월 기말고사 후	워크숍 주제 : 논문 쓰기의 실제, 연구 방법 Q&A

여름 방학	과제 연구 활동 전개
10월 마지막 주 월요일	〈서식 2〉 연구 일지 + 〈서식 3〉 과제 연구 보고서(최종 서식) 작성하여 제출
11월	연구 발표회
12월	시상 및 과제 연구 논문집 제작 배포

· 발표 준비 안내

1. 발표 시간 : 발표(3분) + 질의(5분)

2. 발표 준비 : 발표용 슬라이드 3장

   – 연구 문제

   – 연구 목차를 통한 연구 방법 소개

   – 진행 상황 및 연구 결과

※ 발표용 슬라이드가 발표용 컴퓨터에서 원활하게 열리는지 개별적으로 미리 점검할 것!

과제 연구 대회 중간 발표회 심사표

순서	발표자	연구 목적(40%)	선행 연구(40%)	발표(20%)	등위
		연구 목적의 타당성과 명확한 제시 여부	풍부한 선행 연구와 참고 문헌 제시 여부	발표 준비 및 태도, 질의응답 평가	
1		상 중 하	상 중 하	상 중 하	

과제 연구 대회 최종 발표 심사표

순서	발표자	논문 완성도(70%) (사전 심사 후 점수 기입)	발표 준비 및 태도 (10%)	질의응답 평가(20%)	등위
1		상 중 하	상 중 하	상 중 하	

<서식 1> 연구 계획서

연구 계획서

연구자	
★ 연구 문제	(관심과 호기심이 있는 연구 주제를 구체화하여 내가 해결하고 싶은 연구 문제를 자세히 제시해 주세요.) 연구 문제의 핵심 키워드 :
연구 동기	(연구 주제 설정의 취지, 연구 동기, 흥미, 관심을 기술해 주세요.)
연구의 필요성 및 목적, 가치	(기존 연구와 차별되는 자신의 연구의 독창성을 제시하고 연구의 필요성과 목적, 가치를 명확히 기술해 주세요.)
선행 연구 탐색 전략	(선행 연구를 찾아보며 예상되는 자료 분석 방법을 제시해 보세요.)
예상 결과 및 기대 효과	(본 연구를 통해 얻을 수 있는 기대 성과와 연구 결과의 활용 가능성을 제시해 주세요.)
★ 참고 문헌	(연구 계획서를 작성하며 찾아본 논문 중 관련된 5개 이상의 '논문명(연구자명)'을 정확하게 기술해 주세 요.) – – – – – – –

〈서식 2〉 연구 일지

연구 일지

연구자	

no.	월/일	연구 내용	확인
1			
2			
3			
4			
5			
6			
7			
8			
9			
10			

- 연구 일지는 파일로 작성하거나 손으로 직접 작성하며, 필요 시 본문에 그래프, 사진 등을 삽입합니다. 연구 내용은 자율적으로 기술하되, 연구 진행의 과정, 진행하면서 발견한 연구의 결과, 연구를 진행하면서 부딪친 문제점, 문제점을 해결하기 위해 선택할 수 있는 여러 가지 방안, 추가로 참고한 자료 등을 기재할 수 있습니다.

과제 연구 제목

학생명(학번)

I. 서론

    1. 연구의 필요성 및 목적

    2. 연구 문제

II. 본론

    1. 이론적 배경(핵심 키워드 개념 및 특성 정리)

    2. A의 현황 및 실태 조사

    3. A의 문제점 도출

    4. A의 문제점을 해결한 우수 사례 분석

    5. A의 문제점에 대한 개선 방안

III. 결론

    1. 연구 의의(성과)

    2. 연구 한계점 및 후속 연구 제안

IV. 참고 문헌

참고 문헌

권영민 외(2018). 2015 개정 교육 과정에 따른 학생 진로·진학에 연계한 과목 선택 가이드북. 교육부.

권오현 외(2017). 진로 진학과 연계한 고교 선택 중심 교육 과정 편성·운영 방안 연구. 교육부: 정책연구-2016-위탁.

백제헌, 유은혜, 이승민(2016). 진로 선택과 학생부종합전형을 위한 고등학생 소논문 쓰기 워크북. 서울: 나무생각.

소병문, 백제헌, 유은혜, 이승민(2014). 고등학생 소논문 쓰기 어떻게 시작할까?. 서울: 씨앤톡.

이병기(2007). 국가 수준의 교육 과정과 연계한 도서관 활용 수업의 제도화. 한국도서관정보학회지, 38(1), pp.443-462.

장경원 외(2018). 학술자료 기반 프로젝트학습(PBL) 수업 사례와 수업 설계 및 운영 전략 사회·과학 핵심 키워드 및 추천 논문. 누리미디어 DBpia.

정연수 외(2018). 2015 개정 교육 과정에 따른 선택 과목 안내서. 서울특별시교육청 교육연구정보원: 서교연 2018-13.

조복희, 최은경, 신영환, 장승일, 백제헌(2018). 진로에 따른 과목 선택 지도 계획. 서울특별시교육청 학교간 교원학습 공동체 교육과정진로교육연구회 결과물.

과제연구
워크북

초　판 1쇄 발행 2019년 3월 28일
개정판 1쇄 발행 2024년 4월 11일

지은이 | 백제헌 유은혜 이승민
펴낸이 | 한순 이희섭
펴낸곳 | (주)도서출판 나무생각
편집 | 양미애 백모란
디자인 | 박민선
마케팅 | 이재석
출판등록 | 1999년 8월 19일 제1999-000112호
주소 | 서울특별시 마포구 월드컵로 70-4(서교동) 1F
전화 | 02)334-3339, 3308, 3361
팩스 | 02)334-3318
이메일 | book@namubook.co.kr
홈페이지 | www.namubook.co.kr
블로그 | blog.naver.com/tree3339

ISBN 979-11-6218-290-1　43370